Student sein, wenn die Veilchen blühen

Amadeus Mondschein

Foto: Oberth, Luftaufnahme 23.04.2006-
https://de.wikipedia.org/wiki/Freiburger_Münster#
/media/File:Freiburger_Münster.jpg
licensed under the Creative Commons Attribution-Share
Alike 3.0 Unported license.

Anmerkung: Trotz gefallener Preise erhöhen Bilder die Druckkosten erheblich. Der Autor hat deshalb mit Rücksicht auf den schmalen studentischen Geldbeutel auf das einbinden von Fotografien verzichtet. Erforderlichenfalls wird es dem Leser nicht schwer fallen, passende Bilder im Internet zu finden!

Der Autor hat in Freiburg im Breisgau Rechtswissenschaften studiert. Er lebt und arbeitet in Freiburg.

Alle Rechte vorbehalten.
3. Auflage 2017

Mein besonderer Dank gilt Herrn Prof. hc. Manfred Klimanski und Herrn Moriz Schmid, die das vorliegende Buch Korrektur gelesen und manch hilfreiche Anregung gegeben haben!

Herrn Fritz Haubensak danke ich für die hilfreiche Unterstützung, den Text mit LaTeX zu setzen.

für Irene und Reiner

Herstellung und Verlag:
BoD - Books on Demand, Norderstedt
ISBN 978-3-7386-2700-8

Inhaltsverzeichnis

Student sein   **9**
  Vorwort 9
  Willkommen in der Sonne 10
  Zur Geographie 15
    Das Elsass 15
    Die Markgrafschaft 18
    Kaiserstuhl und Tuniberg 19
    Der Schwarzwald 20
    Schweiz und Italien 21
  Klima 22
  Geschichtstabelle 24
  Kleiner Stadtbummel 27
  Studentische Sitten und Gebräuche 38
    Münsterwurst 38
    „Chillen" auf dem Augustinerplatz 39
    Holbeinpferd 39
    Dreisamkneipe 40
  Essen 40
    Kleine alemannische Küchenkunde 42
  Der Wein 47
  Die Schnäpse 54
  Bier 55
  Restaurants 55
    Besonderes 56
    Badische Küche 57
    Studentische Lokale 59
    Nächtliche Restaurants 60

Inhaltsverzeichnis

Italienische Küche	60
Griechische Küche	61
Spanische Küche	62
Mexikanische Küche	63
Indische Küche	63
Chinesische Küche	63
Sonstiges	64
Fast food	64
Espressobars	64
Cafés	65
Kneipen	67
Hausbrauereien	69
Weinstuben	70
Nachtleben	71
Biergärten	73
Einkaufstipps	75
Verbindungen	77
Schwul-Lesbische Szene	85
Badeseen	88
Thermalbäder, Saunen und Badelandschaften	91
Thermalbäder	91
Spaßbäder	92
Ausflüge	92
Glottertal	92
Schnitzelessen im Glottertal	92
St. Barbara	93
St. Valentin	93
Forellenhof-Stüble	93
Schönberghof/Schneeburg	94
Kohlerhof	94
Kälbelescheuer	94
Lenzenberg	95
Lilienthal	95
Wutachschlucht	95

Höllental/Hirschsprung 95
Schauinsland 96
Feldberg 97
Titisee 99
Europapark 99
Taubergießen/ Rhinau 99
Colmar 100
Mulhouse 101
Strasbourg 102
Basel 103
Feste 104
Fasnet 104
Weinfeste 106
Straußwirtschaften 108
Straußwirtschaften am Kaiserstuhl 110
Straußwirtschaften am Tuniberg 112
Straußwirtschaften im Markgräflerland . . 113
Straußwirtschaften im Breisgau 115
Adressen 116
Literatur 122

Index   **125**

Inhaltsverzeichnis

Student sein

> Freiburgs Schönheit lacht uns wieder,
> Freude schwellt die junge Brust,
> auf den Lippen frohe Lieder,
> glühen wir vor Lebenslust;
> krasse Füchslein frisch an Sinnen,
> fanden wir dereinst uns ein,
> um ein Leben zu beginnen,
> reich an Lieb' und Sonnenschein.
>
> Freiburglied, Friedrich Seippel, 1920

Vorwort

Die Studentenzeit ist die wichtigste und schönste Zeit des Lebens. In vollen Zügen kann man dabei das Studentenleben nur genießen, wenn man sich auf seine Studienstadt, das Umland und die Menschen, die dort leben, einlässt.

Das ist heute zweifellos schwieriger als früher. Die Studienbedingungen sind härter, der Zeitplan ist gefüllter. Es ist nicht mehr so selbstverständlich wie früher, dass der Unterhalt durch den monatlichen Wechsel von Papa gedeckt wird. Mehr Studenten als früher müssen sich ihren Lebensunterhalt heute selbst verdienen und haben damit weniger Zeit, Freiburg selbst zu erkunden.

Vorbei sind die Zeiten, als der durchschnittliche Student entweder selbst ein Auto hatte oder zumindest Kommilitonen kannte, mit denen er jederzeit ins Umland fahren konnte. Vieles zeitweilig selbstverständliche gerät deshalb langsam in Vergessenheit. Dieses Buch soll dem Leser seine Studienstadt und dessen wunderschöne Landschaft nahe bringen.

Willkommen in der Sonne

Wenn du dieses Buch liest, hast du es wahrscheinlich geschafft, einen Platz an der berühmten Alma Mater Friburgiensis oder einer der anderen Freiburger Hochschulen zu erlangen. Dann herzlichen Glückwunsch! Lass dich auf diese Stadt ein. Dann wirst du sie nie vergessen.

Du hast es noch nicht geschafft, willst aber nach Freiburg? Dann wünsche ich dir viel Erfolg. Bekanntlich gibt es in Deutschland nur zwei Gruppen von Menschen. Die einen sind die, die nach Freiburg wollen. Die anderen sind die, die schon in Freiburg sind.

Mit einem aber solltest du dich gleich abfinden. Freiburg ist nicht Köln, nicht München, nicht Hamburg, schon gar nicht Berlin. Freiburg hat seine Reize, auch in der Nacht. Nur sind die anders!

Das macht aber nichts. In Freiburg ist ohnehin alles anders. Schon diverse Straßennamen werden Dich anfangs in Unruhe versetzen: Wer bitte war Kaiser Josef? Habe ich im Geschichtsunterricht nicht aufgepasst? Nun, eigentlich hieß die ursprünglich „Grosse Gass" genannte Straße ab 1777 schlicht Kaiserstraße, wurde dann aber in der Zeit des Nationalsozialismus wie Hauptstraßen in vielen deutschen Städten zur Adolf-Hitler-Straße. Nachdem dies nach 1945 nicht mehr opportun war, benannte man dann die Straße vorsichtshalber Kaiser-Josef-Straße. Die Neigschmeckte (Badisch für Zugezogene) hätten sonst auf die Idee kommen können, dass da ein Hohenzoller gemeint sei. Zudem hat man deshalb den nördlichen Teil der Straße in Habsburgerstraße benannt. Freiburg ist nämlich stolz auf seine Vergangenheit als Hauptstadt Vorderösterreichs und nur deshalb heute ganz besonders badischer Gesinnung, um sich von den Restdeutschen, insbesondere den Schwaben, abzugrenzen.

Eine Bismarckkstraße und eine Hindenburgstraße gibt es dann doch. Höchst erstaunlich, dass diese bis heute nicht umbenannt worden sind.

Richtig glücklich war man politisch zwischen 1945 und 1952. Damals war Südbaden (später Baden genannt, was natürlich geographisch eine Anmaßung ist) selbständig. Freiburg war Hauptstadt. Leo Wohleb, der Badische Ministerpräsident, saß im Colombi-Schlössle. Das Parlament tagte im Historischen Kaufhaus am Münsterplatz. Da war die Welt noch in Ordnung. Ärgerlicherweise gab es dann im Gebiet des heutigen Baden-Württemberg eine Volksabstimmung, die die Gründung des neuen Bundeslandes billigte. Bloß die Südbadener waren dagegen. Geholfen hat ihnen das nicht. Seither gehört Freiburg zur schwäbischen Besatzungszone. Wirkliche Südbadener „hassen" deshalb die Schwaben Außer in Berlin. Denn schließlich wissen die Schwaben meistens, wo es eine ordentliche Brezel und einen guten Schoppen gibt. Plötzlich sind die Freiburger Knöpfle dann nur eine bessere Variante der eigentlich gar nicht so schlechten Spätzle. Bevor wir Schultheiss trinken, nehmen wir dann vielleicht doch einen Württemberger Trollinger, wenn wir einträchtig im völlig überzogenen Gebäude der „Baden-Württembergischen Botschaft" stehen, die die „Spätzles" in den Berliner Tiergarten gebaut haben um den Hauptstädtern zu zeigen, wo in dieser Republik das Geld und die wahre Kultur stecken.

Student sein

Freiburg ist anders. Hier ist sogar der Oberbürgermeister ein Grüner. Das kommt, weil die Freiburger in der Natur leben und mit der Natur. Deshalb findet der Freiburger Jack Wolfskin total schick und überlässt Daniel Hechter, Hugo Boss und Co. gerne den Stuttgartern und anderen. Die andernorts beliebten roten Hosen trägt der Freiburger nicht, außer vielleicht, er ist Corpsstudent.

Dass Freiburg grün ist, merkt man auf jedem Schritt und Tritt. Beinahe überall in der Innenstadt findet man Fahrradwege bzw. Fahrradangebotsstreifen. Die Fahrradfahrer halten sich, wie andernorts, nicht an Verkehrsregeln, radeln munter durch die Fußgängerzone. Der Verfasser kann sich leider nicht ganz ausschließen. Wen wundert es da, dass schon vor vielen Jahren Dirk von Lowtzow singt:

> Freiburg
> Ich weiß nicht wieso ich Euch so hasse
> Fahrradfahrer dieser Stadt
> Ich bin alleine und ich weiß es
> Und ich find es sogar cool
> Und ihr demonstriert Verbrüderung

Ein besonderes Highlight sind die zahlreichen Straßen in der Freiburger Innenstadt, teilweise handelt es sich gar um vierspurige Straßen, die nach 22:00 Uhr nur mit Tempo 30 befahren werden dürfen, was für die Autofahrer ziemlich lästig ist. Insbesondere Besucher aus dem Umland fühlen sich durch diese Maßnahme schikaniert. Für die Bewohner der anliegenden Stadtteile hingegen ist es ein Segen. Irgendwo ist es doch schön, dass einmal Anwohner gegen die Autofahrerlobby triumphieren. Oder?

Freiburg ist anders. Weil Freiburg anders ist, gehört ein wenig alemannisch zum guten Ton. Richtige Freibur-

Willkommen in der Sonne

ger können den Neigschmeckte damit immer noch einmal zeigen, dass sie doch keine richtigen Freiburger sind und dass das Hochdeutsche wirklich nur ein unbedeutender mitteldeutscher Dialekt ist. Selbstverständlich betreibt deshalb die Universität Mundartforschung und gibt das Badische Wörterbuch heraus, dessen letzter und 5. Band nach jahrzehntelanger Arbeit demnächst endlich fertig gestellt werden soll. Böse Zungen behaupten, dass die Badener nur deshalb so sehr an ihrem alemannischen Dialekt festhalten, weil sie immer noch davon träumen, als siebenundzwanzigster Kanton in die Schweiz aufgenommen zu werden.

Freiburg ist anders. Als die Franzosen nach dem zweiten Weltkrieg als Besatzungsmacht nach Freiburg kamen, benannten sie die Schlageterkaserne in Vauban-Kaserne um. Vauban, ein französischer Feldherr und Baumeister hatte durchaus einen Bezug zu Freiburg. Ende des 17. Jahrhunderts erhielt er den Auftrag, die Stadt Freiburg, die damals französisch besetzt war, zu befestigen. Er ließ Teile der mittelalterlichen Vorstadt abreißen und errichtete eine moderne Befestigungsanlage, die die Französische Armee bei ihrem Abzug aus Freiburg einige Jahrzehnte später leider wieder sprengen ließ. Nachdem die Freiburger dann nach der Wiedervereinigung die liebgewonnenen Franzosen wehmütig ziehen lassen mussten, errichteten sie auf dem ehemaligen Kasernengelände eine neue Ökosiedlung für fast fünftausend Bewohner und benannten den neuen Stadtteil kurzerhand Vauban. Freiburg dürfte damit wohl die einzige deutsche Stadt sein, die freiwillig in Friedenszeiten einen französischen Feldherrn und Baumeister in dieser Weise ehrt. Aber, wer die verbliebenen Stadtbefestigungen im nahen Neuf-Brisach kennt, der weiß, dass er es verdient hat. Hätten die Franzosen bei ihrem Abzug aus Freiburg im Jahre 1746 die

Befestigungsanlagen nicht wieder gesprengt, wäre Freiburg heute um einige Attraktionen reicher. Ganz ohne Relevanz scheint es jedenfalls nicht zu sein, dass es bis Berlin gute achthundert Kilometer sind. Bis Paris sind es nur fünfhundert. Vive la France!

Nun hätte ich das wichtigste fast vergessen. Über Baden lacht die Sonne, über Schwaben die ganze Welt. In Freiburg scheint die Sonne nicht immer. Aber oft! Jedenfalls öfter als in irgendeiner anderen deutschen Stadt. Wärmer ist es auch, weshalb Freiburg um die Jahrhundertwende vom 19. zum 20. Jahrhundert als Altersruhesitz sehr beliebt war. Deshalb hat es mit Herdern (Klein-Nizza) und Wiehre zwei unverhältnismäßig große Villengebiete. Manchmal ist es einfach zu warm im Sommer, vor allem sehr schwül. Wohl dem deshalb, der im Hochsommer Zeit hat, auf die Berge zu fliehen oder an einem der zahlreichen Badeseen (Baggerseen) zu liegen.

Wer das dann aber nicht kann, der geht am Abend zum „chillen" auf den Augustinerplatz. Das bringt natürlich Lärm mit sich. Die Anwohner des Augustinerplatzes erregen sich deshalb schon lange über dieses ausgelassene abendliche Treiben. Was macht man in einem solchen Fall? Man gründet eine Anwohnerinitiative. Schließlich ist man in Freiburg. Die Stadtverwaltung hat daraufhin die Säule der Toleranz erfunden. Diese leuchtet nunmehr zu unterschiedlichen Zeiten in verschiedenen Farben. Es beginnt mit den Regenbogenfarben, wie sich das für eine ordentliche Toleranzsäule gehört. Im Laufe des Abends geht die Farbe dann langsam von Grün nach Rot über. Die Säule hat für viel Belustigung gesorgt. Das Problem gelöst hat sie naturgemäß nicht. Der Lärm ist geblieben. Die Stadt hat es mit einem Alkoholverbot auf den öffentlichen Plätzen in der Innenstadt versucht. Ein findiger Student hat dagegen Klage vor dem

Verwaltungsgericht erhoben. Er hat zu Recht gewonnen. Schließlich schließt der Augustinerplatz fast unmittelbar an den Feierling-Biergarten an. In diesem befindet sich keine Säule der Toleranz. Dieser Lärm ist offensichtlich besserer Lärm, deshalb von den Anwohnern hinzunehmen. Schließlich gehört die Familie Feierling, die den Biergarten betreibt, zu den alten Bürgergeschlechtern der Stadt. Dabei holen nicht wenige Studenten das auf dem Augustinerplatz konsumierte Bier mithilfe von Biersiphons bei der Hausbrauerei.

Freiburg liegt auf dem 48. Breitengrad. Darauf ist die Stadt sehr stolz. So stolz, dass sie in der Habsburgerstraße, unweit der Albert-und Ludwigsstraße, bereits in den dreißiger Jahren eine Markierung aus Kieselsteinen hat anbringen lassen. Zwischenzeitlich wurde festgestellt, dass der tatsächliche 48. Breitengrad ein Meter südlich verläuft. Bei der Neugestaltung der Habsburgerstraße im Jahr 2010 wurde deshalb die Markierung neu angelegt, diesmal aus italienischem Marmor. Freiburg liegt damit ungefähr auf einer Breite wie Paris, München und Wien. Viel bedeutender aber ist wohl, dass der 48. Breitengrad im wesentlichen die Grenze zwischen Kanada und den USA bildet.

Zur Geographie

Das Elsass

Freiburg liegt in Frankreich. So meint man jedenfalls, wenn jenseits der Grenze Feiertag ist, nicht aber in Deutschland. Umgekehrt hat man den Eindruck, dass Elsass sei heimlich wieder deutsch geworden, wenn an deutschen Feiertagen Horden von Deutschen das Elsass auszuplündern suchen und die Straßen von Colmar, Kaisersberg, Riquewihr etc. fest in deutscher Hand sind. Dummerweise gilt im Elsass weiterhin neben der französischen die alte (deutsche) Feiertagsordnung, weshalb wir viel weniger Einkaufstage in Frankreich haben als umgekehrt unsere französischen Brüder und Schwestern bei uns. Aber wir wollen nicht kleinlich sein.

Gut, also Freiburg liegt nur zwanzig Kilometer von der französischen Grenze entfernt. Ein Ausflug ins Elsass lohnt sich. Wenn man sich dort anständig benimmt, dann wird man auch so behandelt. Deshalb akzeptieren wir selbstverständlich, dass das Elsass heute französisch ist und französisch spricht. Wenn wir nun selbst gar nicht französisch sprechen, fragen wir zumindest erst einmal höflich, ob man denn deutsch versteht.

Das ist im Elsass heute keinesfalls selbstverständlich, schon weil ein erheblicher Teil der Bewohner gar keine elsässischen Wurzeln hat. Zudem war alles Deutsche im Elsass über sehr lange Zeit verpönt. Dabei mache man sich von der Vorstellung frei, das seien bloß die „bösen Franzosen" gewesen, die das Deutschtum im Elsass unterdrückt hätten. Nein, es waren die Elsässer selber, die spätestens nach der französischen Revolution in der Mehrheit im Herzen Franzosen geworden waren, die städtische und katholische Bevölkerung etwas mehr, die protestantische und die Landbevölkerung etwas weniger. Jedenfalls die gebildete Elite des Elsass und die veröffentlichte Meinung war 1871 erheblich französisch dominiert. Die Elsässer schauten in ihrer Mehrheit eher herablassend auf die in monarchisch geprägten Kleinstaaten lebenden Deutschen herab. Viele Elsässer waren deshalb keineswegs begeistert, dass das Elsass 1871 nach dem deutsch-französischen Krieg von Deutschland okkupiert wurde. Das Kaiserreich war sich der Vorbehalte der Elsässer gegen Deutschland sehr wohl bewusst. Nicht von ungefähr wurde es unmittelbar aus Berlin verwaltet. Erst im Jahr 1909 gestand man ihm eine gewisse Eigenständigkeit zu. Bis dahin gab es in Straßburg nicht einmal einen Landtag. Für viele Elsässer war deshalb im Jahr 1918 die Rückkehr des Elsass zu Frankreich eine Befreiung. Diejenigen, die das anders sahen und sich zwischenzeitlich der deutschen Nation zugehörig fühlten, haben spätestens in der Zeit der erneuten Besetzung des Elsass durch Deutschland zwischen 1939 und 1945 verbunden mit dem erzwungenen Einzug der elsässischen Männer in die Wehrmacht jede Sympathie für Deutschland verloren oder das Elsass verlassen. Die Unterdrückung des Deutschen an den elsässischen Schulen war deshalb keineswegs, wie in Deutschland gerne geglaubt, vom übrigen Frankreich erzwungen. Viele Elsässer haben bewusst ihre Sprache aufgegeben, damit auf Teile ihrer Kultur verzichtet, um nicht länger Spielball der Nationen zu sein und um ihren Kindern das akzentfreie Erlernen der französischen Sprache zu erleichtern. Schließlich war das schon unangenehm, in Paris immer ob des deutlichen Akzentes belächelt zu werden. Kritik daran hört man bis heute vorwiegend in Deutschland. Es sind eben immer noch Deutsche, die glauben zu wissen, was für die Elsässer gut und schlecht ist. Hätten die Deutschen die Elsässer Elsässer sein lassen, wäre nicht nur der Welt viel Unheil und Unrecht erspart geblieben, das Verhältnis zwischen Deutschen, Elsässern und Franzosen wäre heute noch besser. Möglicherweise wäre die Geschichte dann anders ausgegangen.

Versuchen wir es also so gut wir können mit ein paar Brocken Französisch. Nicht selten können unsere elsässischen Freunde dann auf seltsame Weise plötzlich wieder etwas deutsch. Denn seit zwanzig Jahren ist die deutsche Sprache im Elsass Pflichtfach an den Schulen, die französische Sprache an badischen Schulen leider nicht. Seit einiger Zeit gibt es zudem eine Bewegung, die den Dialekt wiederbeleben möchte.

Vor dreißig Jahren gehörte es selbst unter Studenten zum Pflichtprogramm, elsässische Restaurants zu besuchen, weil diese unvergleichlich besser waren als die meisten badischen. Das hat sich geändert. Inzwischen kommen viele Elsässer nach Deutschland zum Essen. Aber auch wenn hierzulande inzwischen ebenfalls sehr gut gekocht wird, lohnt sich ein Restaurantbesuch im Elsass noch immer. Denn während die gehobene badische Küche häufig sehr international geprägt ist, hat sich im Elsass die dortige herausragende bodenständische Küche erhalten. Elsässische Schnecken, Baeckaoffa, Choucroute, Matelote, Hecht in Sahnesauce etc. sind einfach noch immer eine Reise wert. Wem das zu teuer ist, der studentische Geldbeutel ist bekanntlich stets leer, der sollte zumindest einen elsässischen Supermarkt aufsuchen und sich mit Terrinen, Pâté, Käse, Garnelen, Meeresfrüchten und sonstigem Getier eindecken. Es ist nicht nur wesentlich billiger als hierzulande, sondern von sehr hoher Qualität. Für Manchen wird dann die Erkenntnis neu sein, wie gut Käse schmecken kann. Und nachdem die Elsässer ihre Süßweinwelle, in die sie Anfang der neunziger Jahre gerutscht waren, wieder überwunden haben, sollte man ein paar Flaschen Riesling bei einem der elsässischen Winzer erstehen (aber unbedingt vorher probieren).

Die Markgrafschaft

„Ein glückliches Land, wo der Wein vor der Kulisse der Schwarzwald-Berge reift ...," so schwärmte schon Wolfgang von Goethe über die Markgrafschaft.

Zur Geographie

Das Markgräflerland erstreckt sich vom Süden Freiburgs bis nach Lörrach. Im Westen wird es durch den Rhein, im Osten durch die Hänge des Schwarzwalds begrenzt, wobei nach mancher Lesart, historisch richtig, der südliche Schwarzwald hinzugezählt wird. Es umfasst die südliche Rheinebene und die sich nach Osten hin anschließende leichte Hügellandschaft auf der hervorragender Wein wächst. Vorwiegend werden dort Gutedel- und Spätburgundertrauben angebaut. Daneben findet sich eine Vielzahl verschiedener Obstsorten, insbesondere Äpfel, Zwetschgen, Kirschen und Pfirsiche. Das Markgräflerland zeichnet sich durch ein günstiges Klima aus, das von der burgundischen Pforte beeinflusst wird. Die Sonnenscheindauer ist mit eintausendsiebenhundert Stunden im Jahr überdurchschnittlich. Es ist damit eine der wärmsten und sonnenreichsten Gegenden Deutschlands. Die Bewohner sind erkennbar wohlhabend. Anders als das Umland ist die Gegend protestantisch geprägt, erheblich beeinflusst von der reformierten Schweiz.

Kaiserstuhl und Tuniberg

Kaiserstuhl und Tuniberg liegen nördlich bzw. westlich von Freiburg in der Rheinebene. Es handelt sich um uralte Erhebungen vulkanischen Ursprungs. Während sich die Rheinebene im Allgemeinen gesenkt hat, hat sich der Kaiserstuhl gehoben. Seit Jahrtausenden wird am Kaiserstuhl Wein angebaut. Aus diesem Grund ist er umfänglich terrassiert worden. Die ehemals bestehenden Kleinterrassen wurden in den siebziger Jahren des 20. Jahrhunderts in Großterrassen umgewandelt um die maschinelle Bewirtschaftung zu erleichtern. Dummerweise hat man dabei auch Kältebrücken geschaffen, weshalb teilweise eine erneute Umgestaltung erforderlich war. Diesen diversen Umwandlungen verdanken wir die Mondlandschaft, die heute entstanden ist. Dennoch hat der Wein zwischenzeitlich teilweise herausragende Qualität erlangt. Kaiserstuhl und Tuniberg gehören historisch wie Freiburg zum Breisgau, der bis zum Jahre 1805 (Frieden von Pressburg) habsburgisch war. Damals kam er gegen den Willen der Bevölkerung zu Baden. In Teilen der Bevölkerung ist die Erinnerung an die ehemalige Zugehörigkeit zu Österreich bis heute lebendig.

Der Schwarzwald

Der Schwarzwald gehört zweifellos zu den national wie international bekanntesten Gegenden Deutschlands. Die dunklen Nadelwälder an den Hängen der Berge, wie sie sich insbesondere im Nordschwarzwald befinden, sind namensgebend. Im Südschwarzwald herrscht Mischwald vor, der jedoch ebenfalls erheblich aus Nadelbäumen besteht. Zum Ruhm des Schwarzwalds hat sicherlich die Folklore beigetragen. Der typische Schwarzwälder Bollenhut stammt aus der Gegend um Gutach, Wolfach-Kirnbach und Hornberg-Reichenbach, ist also keinesfalls im ganzen Schwarzwald verbreitet, obwohl fast jeder ihn mit dem Schwarzwald verbindet. Gleiches gilt für die berühmte Schwarzwälder Kuckucksuhr, die Schwarzwälder Kirschtorte, deren Entstehung ungeklärt ist, Schwarzwälder Kirschwasser, Schwarzwälder Schinken und Schwarzwälder Speck. Der Freiburger Student tut gut daran, sich den Schwarzwald zu erwandern. Gleichwohl sollte er Kaiserstuhl mit Tuniberg, Markgrafschaft und Elsass nicht vernachlässigen. Alle diese sehr unterschiedlichen Landschaften haben ihren sehr eigenen Reiz. Sie in ihrer Summe machen die Einzigartigkeit des Studienortes Freiburg aus.

Zur Geographie

Schweiz und Italien

Ein Blick über die Alpen scheint angezeigt. Schließlich sind es nur 150 km bis Zürich, 320 km bis nach Locarno oder 350 km ins italienische Canobbio. Zum Vergleich: bis Köln sind es bereits 430 km. Ein Wochenende in Italiens Sonne sollte deshalb allemal gelegentlich möglich sein. Wer kein Auto hat, nehme den Zug oder leihe das Auto von Mutter. Auch mit dem Zug gelangt man in circa fünf Stunden an den Lago Maggiore. Dabei reden wir als Frau oder Mann von Welt natürlich stets nur vom Lago, wenn wir Lago Maggiore meinen. Zu beachten ist, dass die Westseite des Sees wesentlich schöner ist, weil von mediterranem Pflanzenwuchs bedeckt. Die Ostseite des Sees hingegen ist rauer, aber billiger. Zahlreiche Campingplätze am See bieten preiswerte Übernachtungsmöglichkeiten.

Student sein

Klima

> Student sein, wenn die Veilchen blühen,
> das erste Lied die Lerche singt,
> der Maiensonne junges Glühen,
> triebweckend in die Erde dringt.
> Student sein, wenn die weißen Schleier,
> vom blauen Himmel grüßend wehn,
> Das ist des Daseins schönste Feier,
> Herr, lass sie nie zu Ende gehn.
>
> Studentenlied, Josef Buchhorn (1906)

Sei dir sicher: In Freiburg beginnt der Frühling früher. Viel früher! Manchmal blühen die Veilchen (und vor allem die Obstbäume) gleich sechs Wochen früher als in Berlin.

Freiburg ist eine sehr sonnige Stadt. Das ganze Jahr hindurch ist das Klima recht mild. Schnee in der Stadt ist selbst im tiefsten Winter ein seltenes Phänomen. Temperaturen zwischen 12 °C und 15 °C selbst an Weihnachten kommen immer wieder vor. Starker, lang anhaltender Frost hingegen ist selten. Zwischenzeitlich wachsen in manchem Freiburger Garten gar Palmen. Der Klimawandel macht's möglich. Besonders Frühjahr und Herbst sind wärmer als im Rest der Republik. Die Stadt ist im Sommer allerdings auch sehr heiß und häufig feucht. Da hilft dann nur die Flucht in die Berge. Da die Temperatur nach einer alten Faustformel pro 100 m Höhenunterschied um ein halbes Grad abnimmt, ist es auf den Gipfeln der Berge deutlich erträglicher als in der Stadt. Wenn das aber nicht geht, dann hilft abends nur der Weg ins Freie und das Hoffen auf den Höllentäler. Dabei handelt es sich um einen Fallwind aus dem Höllental, der ungefähr ab 22

Klima

Uhr langsam durch das Dreisamtal zieht und die Wiehre, die Innenstadt, aber auch Teile von Herdern kühlt.

Ist es hingegen einmal regnerisch, so fahren wir ins Elsass. Selbst bei schlechtem Wetter in Freiburg kann man dort möglicherweise einen sonnigen Tag verbringen. Das ergibt sich einfach daraus, dass die von Westen kommenden Wolken an der Westseite der Vogesen aufsteigen. Erst in der Rheinebene, weit hinter den Vogesen, regnen sie dann wieder ab. Auf diese Weise sind die auf der Ostseite der Vogesen liegenden Weingegenden sehr sonnig und trocken. Colmar ist mit einem durchschnittlichen Jahresniederschlag von 550 l pro m^2 die trockenste Stadt Frankreichs und hat nur ungefähr die Hälfte des Regens, der in Freiburg fällt (960 l pro m^2).

Können wir das Frühjahr allerdings einmal nicht erwarten oder wollen uns den Sommer ein wenig verlängern, fahren wir mal kurz durch den Gotthard auf die Südalpenseite und erholen uns einige Tage am Lago Maggiore oder Lago di Lugano. Mit einem kleinen Zelt und vielleicht einen Gaskocher ist das für den studentischen Geldbeutel auch finanzierbar. Und dann gibt es schließlich noch den TGV von Freiburg nach Marseille und den Euro-Airport-Basel-Freiburg-Mulhouse. Schließlich ist Freiburg international.

Im Spätherbst, wenn Freiburg die Nebelbänke drücken, flüchten wir auf die Höhen des Schwarzwalds. An manchen Tagen hat man vom Feldberggipfel oder dem Schauinsland einen wunderbaren Alpenblick und strahlenden Sonnenschein. Die sogenannten Inversionswetterlagen, bei denen die Wolken tief in den Tälern liegen, machen es möglich.

Student sein

Geschichtstabelle

1008	erste Nennung der heutigen Stadtteile Herdern, Uffhausen, Wiehre und Zähringen
1190	Gründung der Stadt Freiburg durch die Zähringer
1146	erstmalige Erwähnung des Freiburger Münsters
1218	Tod des letzten Zähringer Herzogs, Berthold V; Freiburg fällt an die Grafen von Urach, die sich nun Grafen von Freiburg nennen.
1348	eine Pestepidemie löst ein Pogrom gegen Freiburger Juden aus
1366	im Konflikt mit Graf Egino III zerstören die Bürger das Schloss
1368	Freiburg löst sich aus der Herrschaft der Grafen und begibt sich unter den Schutz des Hauses Habsburg
1390	Volkszählung: Freiburg hat 8855 Einwohner
1415	Freiburg wird Reichsstadt (bis 1427)
1424	Vertreibung der Juden aus der Stadt
1457	Erzherzog Albrecht VI stiftet die Freiburger Universität
1497	Reichstag König Maximilians in Freiburg
1513	Weihe des Münsterchors
1520	Druck des neuen Freiburger Stadtrechts
1525	Verbrennung reformatorischer Schriften auf dem Münsterplatz;aufständische Bauern besetzen Freiburg
1529	Reformation in Basel. Das Basler Domkapitel und Erasmus von Rotterdam suchen Zuflucht in Freiburg.
1564	erste von mehreren Pestwellen mit 2000 Opfern
1620	die Jesuiten lassen sich in Freiburg nieder
1632	schwedische Truppen nehmen Freiburg ein

Geschichtstabelle

1633	kaiserliche Truppen vertreiben die Schweden
1634	Einnahme Freiburgs durch schwedische Verbündete
1638	Herzog Bernhard von Sachsen-Weimar belagert die Stadt und erobert sie für Frankreich
1644	die bayerische Reichsarmada unter Generalfeldmarschall Franz von Mercy erobert die Stadt zurück
1648	westfälischer Friede: das Elsass wird französisch.
1651	die Regierung der Vorlande wird von Ensisheim nach Freiburg verlegt
1677	Freiburg wird von Frankreich belagert und besetzt. Die Regierung flieht nach Waldshut, die Universität nach Konstanz
1679	Frieden von Nijmwegen; Freiburg bleibt französisch. Der Bau der Festungsanlagen durch Vauban beginnt.
1697	Frieden von Rijswijk; Freiburg kehrt zu Österreich zurück.
1713	Freiburg wird erneut von Frankreich belagert und eingenommen
1715	die Franzosen ziehen aus Freiburg ab
1744	dritte Belagerung Freiburgs und Einnahme. Vor dem Abzug Ende April 1745 wird die Festung von den Franzosen systematisch geschleift
1774	die Universität erhält das Kolleg des 1773 aufgehobenen Jesuitenordens
1785	die Franziskaner Klosterkirche Sankt Martin wird zur zweiten Pfarrkirche der Stadt
1796	Besetzung Freiburgs durch französische Revolutionstruppen und Befreiung durch Erzherzog Karl von Österreich; in den Folgejahren wiederholt Besetzungen durch Frankreich
1805	im Pressburger Frieden kommt Freiburg zu Baden

Student sein

1807	Gründung der evangelischen Stadtpfarrei
1809	erstmals seit 1424 ist Juden der Aufenthalt in Freiburg wieder erlaubt
1820	Großherzog Ludwig sichert endgültig den Bestand der Hochschule, die den Namen Albert-Ludwigs-Universität annimmt
1827	Inthronisation des ersten Freiburger Erzbischofs im Münster –Freiburg hat 14.317 Einwohner
1845	Eröffnung der Bahnlinie Offenburg Freiburg und Einweihung des Bahnhofs
1848	badische Revolution-Freiburger Bürger fordern die Ausrufung der Republik
1849	die zweite Revolutionswelle wird durch preußische Truppen niedergeschlagen; bis 1852 gilt Kriegsrecht
1864	Gründung der israelitischen Religionsgemeinde
1871	Freiburg hat 24.603 Einwohner
1876	das Siegesdenkmal wird enthüllt
1885	Freiburg hat 41.310 Einwohner. An der Universität immatrikuliert sich der 1000. Student
1891	mit der Pferdebahn beginnt der Aufbau des öffentlichen Personennahverkehrs
1899	Freiburg hat 61.504 Einwohner
1900	zum Sommersemester lässt die Universität Freiburg als erste deutsche Universität Frauen zum Studium zu.
1901	Eröffnung des städtischen Elektrizitätswerkes und der elektrischen Straßenbahn
1938	Zerstörung der Synagoge und Ausschreitungen gegen Juden in der Reichskristallnacht
1939	Freiburg hat 108.487 Einwohner
1940	10. Mai: irrtümliche Bombardierung des Stühlinger durch die deutsche Luftwaffe

	22.10 Deportation aller transportfähigen Juden aus Baden und der Pfalz in das Lager Gurs und weitere Lager in Südfrankreich
1944	27. November: Angriff britischer Bombengeschwader auf Freiburg 20.000 Bomben zerstören die Altstadt zu 80 %, 2800 Todesopfer und 9600 Verletzte, 6000 zerstörte, 3500 schwer und 11.500 leicht beschädigte Wohnungen
1945	21. 4.: Einmarsch französischer Truppen in Freiburg-Freiburg hat noch 57.974 Einwohner-Zum Wintersemester nimmt die Universität ihren Vorlesungsbetrieb wieder auf.
1947	Landtagswahlen in Baden. Leo Wohleb wird Staatspräsident und residiert im Colombi-Schlösse.
1950	mit 109.717 Einwohnern ist der Vorkriegszustand wieder erreicht – Volksabstimmung über den Südweststaat. Südbaden ist mehrheitlich dagegen, wird aber von den anderen Landesteilen überstimmt.
1963	Freiburg hat 150.000 Einwohner
1969	Es wird ein Straßenring angelegt. Die Altstadt wird ab 1973 zur Fußgängerzone
1992	die letzten Teile der französischen Truppen verlassen Freiburg
2000	Freiburg hat zur Jahrtausendwende 202.455 Einwohner
2016	Einweihung der neuen Universitätsbibliothek

Kleiner Stadtbummel

Freiburg ist eine der schnellst wachsenden Städte Deutschlands. Die Bevölkerungszahl ist in den vergangenen Jahr-

Student sein

zehnten geradezu explodiert. Hatte die Stadt im Jahre 1800 noch 9.000 Einwohner, so waren es 1900 bereits 62.000. Im Jahre 1947 betrug die Einwohnerzahl 100.000. Bis 1996 verdoppelte sich diese Zahl auf 200.000. Derzeit beträgt die Zahl der Einwohner ungefähr 210 000. Das führt dazu, dass immer wieder neue Stadtteile errichtet werden müssen, um die wachsende Bevölkerung aufzunehmen.

Der Stadtkern hingegen ist sehr klein. Die eigentliche Innenstadt ist seit den späten 60er Jahren von einer Ringstraße umschlossen. Allerdings kann der Ring nicht mehr durchgehend befahren werden, seit der Rotteckring nur noch eingeschränkt für den Straßenverkehr freigegeben ist. Wie bei den von den Zähringern gegründeten Städten üblich, bildet den Mittelpunkt der Stadt ein Straßenkreuz, das in Freiburg aus der Kaiser-Joseph-Straße besteht, die vom ehemaligen Zähringertor zum Martinstor führt, sich dann bis zur Dreisam in Richtung Günterstal fortsetzt. Im Mittelpunkt des Straßenkreuzes befindet sich der **Bertoldsbrunnen**, dessen Original allerdings in den 70er Jahren, der Straßenbahn wegen, einer vereinfachten modernen Form weichen musste. Die Querstraße hierzu bilden vom Bertoldsbrunnen bis zum Schwabentor die Salzstraße, in die andere Richtung vom Beroldsbrunnen bis zum Theater die Bertoldsstraße. Letztere setzt sich fort bis zum Hauptbahnhof.

Der 2. Weltkrieg brachte Freiburg erhebliche Zerstörungen. Beim Wiederaufbau hat sich die Stadt bemüht, das Stadtbild zu erhalten, was im Großen und Ganzen gelungen ist.

Wir beginnen unseren Rundgang am Karlsplatz. Von dort haben wir einen Blick auf den Schlossberg, wo unschwer das Restaurant Dattler zu erkennen ist.

Kleiner Stadtbummel

Zunächst geht es in die Herrenstraße. Bereits nach wenigen Metern ragt auf der rechten Seite das Freiburger Münster auf. Im Anschluss daran sehen wir die **Alte Münsterbauhütte** aus dem Jahre 1565. Wir gehen zunächst weiter geradeaus. Zur linken findet sich die Kirche des katholischen Priesterseminars **St. Bartholomaeus**. Kirche und Priesterseminar wurden in den Jahren 1823-26 an Stelle des vorherigen Kapuzinerklosters errichtet. Die Kirche ist im Krieg stark beschädigt worden; die historische Inneneirichtung hat sie eingebüßt.

Der leicht rötlich schimmernde Sandsteinbau ist das **Erzbischöfliche Ordinariat**, also der Amtssitz des Freiburger Erzbischofs. Er ist in den Jahren 1903-1906 an Stelle des Augustiner - Chorherrenstiftes Allerheiligen im Stile der Spätromanik mit Jugendstilelementen errichtet worden. Hier biegen wir nach links in die Schoferstraße, an der nächsten Ecke rechts in die Konviktsgasse ab. Wir folgen dieser, bis wir wieder auf die Salzstraße stoßen. Zur linken sehen wir das **Schwabentor**. Es wurde in den Jahren 1250 bis 1270 errichtet, 1901 aufgestockt, 1953/1954 teilweise wieder rückgebaut. Etwas weiter rechts sehen wir das Gasthaus „**Zum Roten Bären**", dass nicht nur als ältestes Gasthaus Deutschlands gilt, sondern eines der ältesten Häuser der Stadt ist.

Nun biegen wir nach halbrechts in die Salzstraße ein. Zur linken befinden sich die Reste des **Augustiner-Eremiten-Klosters**. Das Kloster wurde zwischen 1278 und 1350 errichtet, 1821 säkularisiert. Die Kirche diente ab 1823 zunächst als Theater. Heute befindet sich darin das Augustinermuseum. Es folgt im Anschluss der Augustinerplatz. Wir gehen zunächst einige Schritte weiter die Salzstraße entlang. Zur Linken stand ehedem die **Deutschordenskommende** aus dem Jahre 1774. Sie

Student sein

wurde im Krieg weitgehend zerstört. In den 1980-er Jahren des 20. Jahrhundert wurde an dieser Stelle ein modernes Justizgebäude für Oberlandes- und Landgericht errichtet. Dabei wurde die historische Fassade der Deutschordenskommende weitgehend wiederhergestellt.

Gegenüber findet sich das **Palais Sickingen**, erbaut in den Jahren 1769-1773. Von 1885-1907 diente es dem Erbgroßherzog Friedrich II von Baden und seiner Frau Hilda von Nassau als Wohnsitz. Nach der Abdankung Friedrichs II im Jahre 1918 bezog es das Ehepaar erneut. Die Großherzogin wohnte im Palais, bis es im Jahre 1944 ausgebrannte. In den Jahren 1962-1965 wurde an der Stelle ein neues Landgerichtsgebäude unter Wiederherstellung der alten Fassade errichtet.

Wir gehen nun wenige Schritte zurück in Richtung Schwabentor, überqueren den Augustinerplatz in Richtung Süden. Zur Linken finden wir den **Feierling Biergarten**. Es folgt die Alemannische Bühne. Zur Rechten findet sich die Hausbrauerei Feierling. Die Familie Feierling hat ehedem am Augustinerplatz eine Brauerei betrieben. Aus diversen Gründen musste diese in den siebziger Jahren stillgelegt werden. Die Rechte am Markennamen wurden an die Brauerei Ganter verkauft. Die Familie hatte sich jedoch das Recht vorbehalten, zukünftig eine Hausbrauerei in Freiburg zu betreiben, was sie in den achtziger Jahren in die Tat umsetzte. Seither ist die Hausbrauerei Feierling eine feste Institution in der Stadt, hat inzwischen gar Probleme, genügend Bier zu brauen. Zu unserer Rechten befindet sich nun der Gewerbekanal. Achtung, im Gewerbekanal befindet sich seit einigen Jahren ein Krokodil. Übergriffe sind bislang nicht gemeldet worden. Allerdings wird aus gewöhnlich gut informierten Kreisen berichtet, dass zu fortgeschrittener Stunde, insbesondere zur Fasnetszeit das Krokodil bisweilen

Kleiner Stadtbummel

recht aggressiv reagieren soll. Gar von Verletzungen wird berichtet, die Passanten auf der Flucht vor dem Krokodil erlitten haben sollen.

Dort überqueren wir vor der Hausbrauerei Feierling den Gewerbekanal, biegen nach wenigen Metern nach rechts in die Adelhäuser Straße. Zur Rechten liegt nun das Adelhäuser Kloster mit der **Adelhäuser-Kirche.** Klosteranlage und Kirche wurden in den Jahren 1687-1699 als Ersatz für eine bereits stark beschädigte alte Klosteranlage in der heutigen Unterwiehre, die letztlich den Festungsbauten der Franzosen weichen musste, errichtet.

Wir biegen nun zunächst nach rechts und nach wenigen Metern nach links in die **Fischerau** ein, der wir bis zur Kaiser-Josef-Straße folgen. An der Ecke findet sich die Konditorei Gmeiner, deren hervorragender Kuchen in Freiburg seinesgleichen suchen.

Nun überqueren wir die Kaiser-Joseph-Straße. Zur Rechten haben wir Blick auf das **Martinstor**. Der ältere der beiden erhaltenen Turmbauten der Stadt wurde in seinem Ursprung Anfang des 13. Jahrhunderts errichtet. Die heutige Höhe hat es allerdings erst seit dem Jahre 1903. Die historisierende Dachkonstruktion entstammt dieser Zeit. Die ursprüngliche Höhe betrug nur ungefähr 1/3 der heutigen.

Es geht weiter geradeaus in die Humboldtstraße. Nach wenigen Metern sehen wir auf der rechten Seite einen Sichtbetonbau, dass **Kollegiengebäude III**. Auf der linken Seite folgt nun die **ehemalige Universitätsbibliothek**, die in den Jahren 1896-1903 nach Plänen von Carl Schäfer im neugotischen Stil errichtet wurde. Leider wurde das Gebäude beim Wiederaufbau in den 50er Jahren durch moderne Aufbauten ruiniert. In den frühen achtziger Jahren erfolgte ein weiterer Umbau zum **Kol-**

legiengebäude IV. Dahinter an der Remartstraße liegt die Mensa I. Auf der rechten Seite, dem Kollegiengebäude IV gegenüber, liegt das **Kollegiengebäude I**, in den Jahren 1906 -1911 von den Karlsruher Architekten Ratzel und Billing im Jugendstil errichtet. Nachdem Ratzel, der die Gebäude im Stil des Historismus mit Anklängen an die Rennaissance errichten wollte, im Jahre 1907 gestorben war, wurde der Bau von Billing im Sinne des Jugendstil umgeplant. Teile der Jugendstilelemente sind insbesondere im Inneren erhalten geblieben. Der Bau gilt als eines der Hauptwerke des Jugendstils in Baden.

Wir gehen zwischen den Kollegiengebäuden hindurch und laufen auf die neue **Universitätsbibliothek** zu, die gerade fertiggestellt wurde. Der Vorgängerbau aus den siebziger Jahren sollte zunächst generalsaniert werden, was mit einem Teilabriss verbunden gewesen wäre. Schließlich wurde es bis auf die Treppenhäuser und die unterirdischen Stockwerke vollständig beseitigt und durch den jetzigen Neubau ersetzt. Der Bau mag optisch und funktional gelungen sein. Gleichwohl wirkt er zwischen den alten Steinbauten, wesentlich aus der Gründerzeit, wie ein Fremdkörper. Man würde sich bei den zeitgenössischen Architekten bisweilen ein bisschen mehr Feingefühl und Verständnis für Zusammenhänge wünschen.

Es schließt sich das **Freiburger Stadttheater** an, das in den Jahren 1905-1910 nach Plänen des Berliner Architekten H. Seeling im Stile des Neubarock, bereichert durch Jugendstilelemente, errichtet wurde. Nach der Zerstörung im Jahre 1944 fand bereits 1949 die Neueröffnung des in vereinfachter Form wieder aufgebauten Gebäudes statt.

Nun biegen wir nach rechts ab, laufen zwischen Kollegiengebäude I und neuer Universitätsbibliothek entlang, gehen vor dem **Platz der Alten Synagoge** (Denkmal beachten) wieder nach rechts. Ziemlich im Anschluss findet sich dass **Kollegiengebäude II**. Zwischen den beiden Kollegiengebäuden liegt der „**Platz der weißen Rose**". Wir überqueren diesen, biegen nach links ab, gehen am Kollegiengebäude II vorbei Richtung Bertoldstraße. Zur Rechten sehen wir nunmehr den **Peterhof**. Der Peterhof war das Stadtquartier der Äbte von St. Peter. Er diente unter anderem den studierenden Ordensbrüdern und Professoren des Ordens als Wohnung. Im Jahre 1944 wurde er bis auf die Kapelle aus dem Jahre 1586 zerstört. Der Wiederaufbau erfolgte in den Jahren 1958 bis 1960. Er dient heute der Universität. Der Gewölbekeller wird für repräsentative Veranstaltungen genutzt.

An der **Universitätskirche** erreichen wir die Bertoldstraße. An diese schließt sich rechts das Jesuitenkolleg an, dass wir heute üblicherweise als **Alte Universität** bezeichnen (sehr schöner Innenhof, leider nur beschränkt zugänglich). In diesem befindet sich das **Uniseum**, ein kleines Museum für Universitäts- und Studentengeschichte. Kolleg und Kirche wurden zwischen 1683 und 1700 errichtet. Die Kirche wurde im Krieg beschädigt, in den Jahren 1950-1954 neu bestuckt.

Wir überqueren die Bertoldstraße, lassen die Universitätskirche rechts liegen, laufen in die Brunnenstraße hinein. Dann biegen wir links ab. Zur Rechten befindet sich nun das **Schwarze Kloster**. Es wurde in den Jahren 1708 bis 1710 für die Ursulinen errichtet. Sehenswert ist die an der Rathausgasse gelegene Kirche im Stil des frühen Rokoko. Sie wird heute von der Altkatholischen Gemeinde genutzt (die nicht mit der Piusbruderschaft zu verwechseln ist).

Dort stoßen wir wieder auf den Rotteck-Ring. Nun biegen wir nach rechts ab und erreichen nach wenigen Metern auf der linken Seite das **Colombi-Schlössle**. Wer mag, kann dort einen Abstecher machen. Im Colombi-Schlössle befindet sich das Archäologische Museum der Stadt. Es wurde in den Jahren 1859 bis 1861 für die Gräfin Maria Gertrudis de Zea Bermudesz y Colombi, einer adeligen Dame mit deutschen Vorfahren, als Witwensitz errichtet und befindet sich seit 1899 im Besitz der Stadt. Von 1947 bis 1952 war es Sitz der Badischen Staatskanzlei.

Weiter geht es nach rechts in die Rathausgasse. Zur Linken, gleich an der Ecke befindet sich das **Freiburger Verkehrsamt** aus dem Jahre 1936, das nur insoweit erwähnenswert ist, als es sich um den ersten modernen Freiburger Arkadenbau handelt. Beim Wiederaufbau der Stadt nach dem Krieg wurde nämlich die Kaiser-Josef-Straße Berner Vorbild entsprechend mit Arkadenbauten versehen, weshalb man nunmehr seine Einkäufe geschützt von Sonne bzw. Regen wesentlich angenehmer erledigen kann. Wir folgen der Rathausgasse bis zum **Rathaus**. Kurz vorher, bereits im Rathausgebäude, befindet sich das **Wallgrabentheater**. Wir biegen nach links auf den Rathausplatz. Zur Linken sehen wir nun die beiden Gebäude des Freiburger Rathauses. Die Gebäude sind im ersten Stock mit einem Durchgang verbunden. Der rechte Teil des Rathauses ist das sogenannte **Alte Rathaus**. Es wurde in den Jahren 1557-1559 durch Verbindung mehrerer älterer Häuser im Renaissancestil errichtet. Wenig später kamen Erweiterungsbauten dazu. Ursprünglich war die Fassade bemalt, zu verschiedenen Zeiten mit unterschiedlichen Motiven. Im Jahre 1944 ist es völlig ausgebrannt und nach dem Krieg wieder aufgebaut worden.

Der linke Teil wird als **Neues Rathaus** bezeichnet. Bei diesem handelt es sich um das erste Freiburger **Jesui-**

tenkolleg. Die Anfänge dieses Gebäudes gehen auf die Jahre 1539 bis 1549 zurück. Nachdem dieses im 19. Jahrhundert von der Universität nicht mehr benötigt wurde, wurde es zum Rathaus umgebaut. Das heutige Äußere verdankt das Gebäude den Umbauten um 1896/97. Auf dem Rathausplatz befand sich ehedem ein Franziskanerkloster. Gegenüber vom Rathaus sind bis heute Teile des ehemaligen Kreuzgangs erhalten. Die ehemalige Abteikirche dient mittlerweile als Stadtkirche Sankt Martin (**Martinskirche**, erbaut 1262 bis 1350 der zweitältesten katholischen Freiburger Kirchengemeinde als Gottesdienstraum. Da es sich bei den Franziskanern um einen Bettelorden handelt, war die Kirche zunächst von großer Schlichtheit geprägt, hatte deshalb keinen Glockenturm. Dieser wurde erst in den Jahren 1890 bis 1893, ebenso wie die historisierende Ausstattung der Kirche, von dem Freibugrer Pfarrer und Politiker Heinrich Hansjakob veranlasst.

Auf dem Rathausplatz steht ein Brunnendenkmal für den Franziskanermönch **Bertold Schwarz**, der dort um das Jahr 1400 das Schwarzpulver erfunden haben soll, was aber in den Bereich der Legende zu verweisen ist. Hinter dem Alten Rathaus findet sich die historische **Gerichtslaube**. Sie wurde bereits im Jahre 1303 errichtet. Sie war Ort des Reichstages von 1498. Seit einem Umbau aus dem Jahre 1547 war sie Tagungsort des Stadtgerichtes. Das Gebäude 1944 zerstört wurde in den Jahren 1975 bis 1979, ausschließlich aus Bürgerspenden finanziert, wieder aufgebaut.

Wir gehen an der Rathausfassade entlang geradeaus in die Merianstraße und biegen nach rechts in die Gauchstraße ein. Nach wenigen Metern sehen wir nunmehr zur Rechten die neu-gotischen Fenster von „Sankt Mammon". Dieser Gebäudeteil ist zu Beginn des 20. Jahrhunderts an das Haus zum Walfisch aus dem Jahre 1516 angebaut worden. Es handelt sich um die Schalterhalle der Freiburger Sparkasse, die den gesamten Gebäudekomplex heute nutzt. Das **Haus zum Walfisch** wurde zwischen 1514 bis 1516 für Jakob Villinger, Generalschatzmeister unter Maximilian I, erbaut. Die Gerüchteküche besagt, dass Maximilian I dort seinen Lebensabend verbringen wollte. Zwischen 1529 und 1532 diente es dem aus Basel geflohenen Erasmus von Rotterdam als Unterkunft.

Vor dem Haus zum Walfisch öffnet sich die Gasse zum Kartoffelmarkt. Wir überqueren diesen, biegen nach rechts in die Schiffstraße ein. Nach wenigen Metern erreichen wir die Kaiser-Joseph-Straße. Bei dem nun vor uns liegenden Gebäude, heute Sitz des Regierungspräsidenten, handelt es sich um den **Basler Hof**. Dieser wurde in den Jahren 1494 bis 1496 durch Umbau älterer Häuser auf Betreiben Konrad Sturzes, Hofkanzler unter Maximilian I, errichtet. Seinen Namen verdankt er jedoch späterer Nutzung. Von 1587 bis 1677 diente der Baseler Hof als Exilresidenz des Basler Domkapitels. Danach war es von 1698 bis 1802 Amtssitz der vorderösterreichischen Regierung.

Wir überqueren die Kaiser-Joseph- Straße, gehen links am Baseler Hof vorbei in die Gasse, laufen nun geradewegs auf das **Kornhaus** zu. Das Kornhaus im Jahre 1498 als städtisches Tanz-und Kornhaus errichtet, wurde im Krieg vollständig zerstört. Der Neubau aus dem Jahre 1970 wurde mit rekonstruierten Giebelfronten errichtet. Wir biegen nach rechts ab auf den Münsterplatz in dessen Mitte wir das **Freiburger Münster** „Unserer lieben Frau" finden. Das Freiburger Münster ist nicht als Bischofskirche, sondern als Freiburger Stadtkirche errichtet worden. Deshalb ist es nur mit einem Turm geschmückt. Der Bau des Münsters wurde um das Jahr

Kleiner Stadtbummel

1200 begonnen. Eingeweiht wurde es im Jahr 1513. Es ist damit der einzige Sakralbau am Oberrhein, der in der gotischen Epoche vollendet wurde. Obwohl das Münster seit 1827 als Bischofskirche dient, stand es nie im Eigentum der Kirche. Eigentümer ist der Münsterfabrikfonds, der für den Unterhalt zu sorgen hat. Dieser untersteht dem Rat der Stadt Freiburg. Finanziert wird der Bau durch zahlreiche Stiftungen. Eine nähere Beschreibung des Münsters, dessen Turm häufig als „schönster Turm der Christenheit" bezeichnet wird, würde den Rahmen dieses Buches sprengen. Eine Besichtigung des Inneren, außerhalb der Gottesdienstzeiten, möglichst mit fachkundiger Führung, sei wärmstens empfohlen.

Es geht rechts am Münster vorbei. Dort finden wir zur Rechten nunmehr zahlreiche alte, zum Teil wieder aufgebaute Häuser. Zu erwähnen ist zunächst das **Haus zum Ritter**. Es wurde 1756 für die Breisgauische Ritterschaft erbaut. Später diente es als Gerichtsgebäude und Erzbischöfliches Palais. Heute nutzt es der Erzbischof als Verwaltungsgebäude. Einige Meter weiter finden wir das **Historische Kaufhaus** mit seinem wunderschönen Kaisersaal. Es wurde in den Jahren 1520 bis 1532 für die Marktverwaltung errichtet. Leider ist das Historische Kaufhaus im Laufe der Jahrhunderte immer wieder umgebaut und nach Zerstörungen instandgesetzt worden. Ein einheitlicher Stil ist deshalb nicht erkennbar. Zwar wurden einige spätere Hinzufügungen inzwischen rückgängig gemacht, gleichwohl ist das historische Kaufhaus ein Sammelsurium von Stilepochen. Dennoch ist es sehenswert. Im großen Saal des Hauses finden heute zahlreiche Konzerte und festliche Aktivitäten statt. Auch die übrigen Räume des historischen Kaufhauses können Bürger der Stadt und Vereine mieten. Von 1947 bis 1951 tagte hier der Badische Landtag.

Links daneben befindet sich das Wentzingerhaus mit dem **Museum für Stadtgeschichte**. Wir gehen weiter über den Münsterplatz entlang der Fassade des Münsters, stoßen schließlich auf die **Alte Wache** aus dem Jahre 1733, in der sich heute eine Probierstube der um Freiburg umliegenden badischen Winzergenossenschaften befindet. Wir gehen hinter dem Münster vorbei, um nunmehr auf die Nordseite des Münsters zu gelangen und laufen dort geradewegs auf die Stadtbibliothek zu. Wir gehen rechts an der **Bibliothek** vorbei, stoßen auf die **Neue Synagoge** aus dem Jahr 1987, halten uns erneut rechts und gelangen wieder auf die Herrenstraße, womit wir am Ende unseres Rundgangs angekommen sind.

Studentische Sitten und Gebräuche

Münsterwurst

Der Freiburger liebt gutes Essen. Die zahlreichen guten Restaurants geben hiervon genauso Zeugnis, wie das Fressgässle, die Markthalle und die jährlich im November stattfindende Feinschmeckermesse Culinaria. Fast Food hingegen hat einen eher untergeordneten Stellenwert. Aber eilig hat es auch der Freiburger gelegentlich. Dann geht er auf den Münsterplatz, isst eine „Lange Rote" mit oder ohne Zwiebeln. Es handelt sich um gegrillte Bockwürste. Inzwischen hat sich das Angebot etwas diversifiziert. Es werden auch andere Würste angeboten, aber nur Würste mit Weckle (Brötchen). Die sonst überall verbreiteten „Pommes" gibt es nicht. Für zahlreiche Jurastudenten ist der Besuch auf dem Münsterplatz auf eine Wurst am Samstagmittag seit Generationen ein „Muss". Auch sonst trifft man hier immer einen Bekannten. Darüber hinaus lohnt sich natürlich ein Einkauf an den zahlreichen Einkaufsständen.

„Chillen" auf dem Augustinerplatz

Bekanntlich ist der studentische Geldbeutel klein, gerade zum Monatsende häufig leer. Das war nie anders. Also gilt es zu sparen. Deshalb geht man – jedenfalls in den Sommermonaten – auf den Augustinerplatz und bringt sich sein Six-Pack mit. Dort lässt es sich mindestens so gut „chillen" wie im nahe gelegenen Feierling-Biergarten, nur spart man viel Geld dabei. Die Anlieger allerdings sind – schon an anderer Stelle erwähnt – von diesem Brauch nicht so begeistert. Ihnen bereitet der Lärm der anliegenden Gaststätten und des Biergartens nachvollziehbarerweise bereits genug schlaflose Nächte.

Holbeinpferd

Das Holbeinpferd wurde im Jahre 1936 von dem Bildhauer Werner Gürtner geschaffen. Ach, wenn der Künstler gewusst hätte, was er damit anrichtet! Es ist 1.90 m hoch wie lang, wiegt etwa eine Tonne und steht im Eigentum der Stadt Freiburg. In den fünfziger Jahren wurde das Pferd zwischen der namengebenden Holbeinstraße, der Hans-Thoma-Straße und der Günterstalstraße aufgestellt. Seit den späten achtziger Jahren hat es sich zunehmend zu einem Chamäleon entwickelt. Ständig ist es in anderen Farben angemalt. Die Stadt hat zunächst versucht, diesem Treiben Einhalt zu gebieten, ist dabei jedoch kläglich gescheitert. Schließlich hat sie aufgegeben. Während die Anstriche zunächst in der tiefen Nacht erfolgten, kann zwischenzeitlich die Malerei selbst tagsüber beobachtet werden. Das führt dazu, dass das arme Pferdchen noch häufiger seine Farben wechselt.

Zwischenzeitlich ist es eine kleine Berühmtheit geworden. Nicht nur Wikipedia widmet ihm einen Artikel, es hat eine eigene Website (www.holbein-pferd.de). Gegenstand eines Rechtsstreits vor dem Amtsgericht Freiburg und dem Landgericht Mannheim ist es in den neunziger Jahren ebenfalls geworden, weil ein Fotograf eine Fotoserie über das Holbeinpferd gefertigt hatte und die Witwe des Künstlers Auskunft über die erzielten Umsätze begehrte.

Dreisamkneipe

Freiburger Sommer sind heiß, bisweilen sehr heiß. Was macht man da, wenn man schon am See oder im Schwimmbad war, es im Biergarten aber noch immer viel zu heiß ist? Nun, der Freiburger Student weiß Abhilfe zu schaffen. Er trommelt ein paar Kommilitonen zusammen, man besorgt sich einen Biertisch und Bierbänke und verlagert das abendliche Biergelage kurzerhand in die Dreisam. Insbesondere bei Verbindungsstudenten und -studentinnen ist dieser Brauch beliebt, was wohl daran liegen mag, dass es diesen leichter fällt, Bänke und Tische zu beschaffen. Aber notfalls kann man sich ohne Bank dort die Füße kühlen und ein kaltes Bier dabei trinken.

Essen

Ça, ça geschmauset,
lasst uns nicht rappelköpfisch sein!
Wer nicht mithauset, der bleib' daheim!
Edite, bibite, collegiales,

Essen

post multa saecula pocula nulla!

Christian Wilhelm Kindleben (1781)

Die Küche Freiburgs, oder besser Südbadens, ist sehr bodenständig. Anders als in Norddeutschland hat sie sich bis heute in den Restaurants nicht durch die Küche der Italiener, Griechen, Franzosen und Anderer verdrängen lassen.

Für Freiburg muss man das allerdings mit einer gewissen Einschränkung sagen. Die Gastronomie wird in zu starkem Maße vom Tourismus beeinflusst. Dieser verlangt häufig nach internationaler Standardküche. Dennoch kann man in Freiburg noch gut badisch essen.

Rund um Freiburg wächst nicht nur viel Wein, sondern eine breite Palette verschiedener deutscher und teilweise mediterraner Früchte. Auch ein großes Sortiment verschiedener Gemüsesorten gedeiht im Umland. Die Fischbestände der Vergangenheit im Rhein und den umliegenden Flüssen sind leider stark dezimiert. Lediglich die – heute meist gezüchtete – Forelle steht noch verbreitet auf Badens Speisekarten. Natürlich essen die Badener Schweinefleisch. Dieses hat aber längst nicht die Bedeutung, die es im übrigen Deutschland hat. Gleiches gilt für Kartoffeln. Sehr verbreitet werden zu bestimmten Gerichten Bratkartoffeln angeboten, aber genau so häufig Knöpfle (kurze dicke Spätzle) und Nudeln. Kartoffelsalat gibt es auch, aber nur auf französische Art, also niemals mit Mayonnaise, Joghurt oder Sahne angemacht.

Besonders ausgeprägt ist in Baden der Spargelkult. Bis heute nehmen die Schwetzinger, die Bruchsaler und die Kaiserstühler Bauern für sich in Anspruch, den besten Spargel zu ernten. Natürlich gehört dazu in Baden immer ein guter Wein, vorzugsweise Weißburgunder oder Grauburgunder. Klassischerweise gibt es dazu nicht Salzkartoffeln, sondern Kratzete. Dabei handelt es sich um zerrupfte Pfannkuchen, gewissermaßen einen salzigen Kaiser-Schmarrn. Kratzete verbindet sich nicht nur hervorragend mit Sauce Hollandaise, sie steht schon zu Beginn der Spargelsaison zu Verfügung, wenn an heimische Frühjahrskartoffeln noch nicht zu denken ist.

Die Badener wissen mit den heimischen Produkten umzugehen. Der elsässische und damit französische Einfluss ist unverkennbar. Sie haben verstanden, dass zu ihrem guten Wein ein gutes Essen gehört und wissen großzügig Wein in der Küche zu verwenden. Gute Leberle und gute Sulz sind ohne Wein, Butter und Sahne nicht denkbar. Schnecken und Froschschenkel, ehemals am ganzen Oberrhein verbreitet, sind leider von den badischen Speisekarten weitgehend verschwunden.

Anders als in Norddeutschland spielt in Baden der Dialekt eine weit größere Rolle. Das mag dem Einfluss der Schweiz geschuldet sein. Jedenfalls ist es in Südbaden keineswegs anstößig, Dialekt zu sprechen, sondern gehört selbst bei Jugendlichen, jedenfalls auf dem Land, zum guten Ton. In Freiburg selbst hat sich das, wohl der vielen Zugezogenen wegen, ein wenig verloren. Viele der Gerichte sind deshalb oder trotzdem weiterhin alemannisch benannt. Die wichtigsten Bezeichnungen sind nachstehend aufgeführt.

Kleine alemannische Küchenkunde

Bibeleskäs	angemachter Frischkäse (Quark oder Schichtkäse mit verschieden Gewürzen, benannt nach den kleinen Küken, die in Baden Bibeles genannt werden)

Essen

Bäckaoffa	Elsässisches Backofengericht aus verschiedenen Fleischsorten und Weißwein (Schwein, Rind, Lamm u.a.)
Badischer Kartoffelsalat	mit Fleischbrühe, Essig und Öl zubereiteter Salat (niemals mit Mayonnaise, Sakrileg!)
Brägele	die Badische Version der Bratkartoffel (dünne geröstete Scheiben)
Brezel	wohl die wichtigste Form des in Baden sehr beliebten Laugengebäcks und eines der wenigen kulinarischen Produkte aus deutschen Landen, das gar im innersten Frankreichs Verbreitung gefunden hat
Choucroute	die elsässische Variante der Sauerkrautplatte. Im Elsass und in Baden wird das Sauerkraut vor der Zubereitung sorgfältig gewaschen und damit von der Milchsäure, die sich bei der Fermentierung bildet, befreit. Anschließend wird es mit einem säuerlichen Wein, vorzugsweise Riesling, gekocht und damit wieder eingesäuert. So ist es wesentlich leichter verdaulich und erspart einem weitgehend die sonst obligaten Blähungen
Croque Monsieur	französische Bezeichnung für ein Schinken-Käse-Toast
Flädlesuppe	Rinderkraftbrühe mit in Streifen geschnittenem Pfannkuchen

Flammeküeche	Flammkuchen war noch Mitte der achtziger Jahre nur im nördlichen Elsass verbreitet. Der Originalteig besteht aus Mehl, Wasser und Salz, der sodann hauchdünn ausgerollt wird, mit einer Mischung aus Quark und Sahne bestrichen. Anschließend wird er mit Räucherspeck, Zwiebeln oder geriebenem Käse belegt im sehr heißen Ofen gebacken. Hierzu bedarf es eines Steinofens oder eines sehr guten Pizzaofens. (französisch: tarte flambée). Verbreitet sind auch Versionen aus Sauerteig und Hefeteig
Froschschenkel	waren früher am ganzen Oberrhein, also auch in Baden verbreitet. Heute werden sie nur noch im Elsass, meist in einer Riesling-Sahne-Sauce angeboten. Der „politisch korrekte" Badener traut sich nicht mehr
Knöpfle	eine badische Version der Spätzle
Kratzete	zerrupfter Pfannkuchen (gewissermaßen salziger Kaiserschmarn), wird ausschließlich zu Spargel gegessen
Linzertorte	Österreichische Kuchenspezialität aus Nussteig und roter Marmelade
Leberle	geschnetzelte Leber, geröstet oder sauer (mit Essig oder Weißwein gewürzt bzw. eingelegt) mit Butter oder Sahne verfeinert
Matelote	Elsässische Fischplatte aus verschiedenen Süßwasserfischen in Sahnesauce
Quiche Lorraine	dünner Mürbeteig mit einer Füllung aus Speck, Käse, Eiern und Sahne (im Elsass verbreitet)

Essen

Rösti	die schweizer Variante der Brägele; grob geraspelte, halbrohe Kartoffeln als Pfannkuchen ausgebacken
Rüblitorte	ein Kuchen aus Nüssen und Karotten
Sürkrüt	siehe Choucroute
Tarte	französisch für Wähe, siehe dort
Tarte flambée	Flammkuchen, siehe dort
Trester	die deutsche Variante des italienischen Grappa (französisch Marc)
Wähe	alemannische Bezeichnung für einen Kuchen aus dünnem Teig (meist Mürbeteig) und einer Füllung aus Eiern und Sahne, sowie Obst, Käse etc. Beispiele: Quiche Lorraine, Schweizer Käswähe (Käsweihe), Elsässischer Zwiebelkuchen, Elsässischer Heidelbeerkuchen etc.
Weinbergschnecken	waren ehemals ebenfalls am ganzen Oberrhein verbreitet. Heute findet man sie immer weniger auf den Speisekarten, was a daran liegen mag, dass sie in einer Vielzahl von Restaurants nicht mit Knoblauch verfeinert, sondern jeder andere Geschmack damit übertüncht wurde
Wurstsalat	in feine Streifen geschnittene Lyoner Wurst (Fleischwurst), mit Essig und Öl angemacht; meist mit Zwiebelringen serviert. Die Variante „Elsässer (Straßburger) Wurstsalat" enthält zudem Streifen von Käse
Schäufele	gepökelte und geräucherte Schweineschulter (elsässisch Schiffala). Findet sich verbreitet auf Badens Vesperkarten, meistens in Verbindung mit Kartoffelsalat

Student sein

Sulz	(Kutteln oder Kaldaunen) werden meist in einer Wein-Sahnesauce serviert, bisweilen auch geröstet angeboten
Zibärtle	ein Obstbrand aus wilden Plaumen hergestellt. Seit einigen Jahren zum Modegetränk geworden
Zwiebelkuchen	wird meist im Herbst mit „Neuem Süßen" (angegorener Wein) angeboten, in Baden häufig mit Hefeteig (im Elsass immer aus Mürbeteig) Eiern und Sahne hergestellt

Der Wein

> Auf, auf ihr Brüder!
> Erhebt den Bacchus auf den Thron
> und setzt euch nieder, wir trinken schon.
> Edite, bibite, collegiales,
> post multa saecula pocula nulla!
>
> Christian Wilhelm Kindleben (1781)

Freiburg liegt inmitten eines bedeutenden deutschen Weinbaugebietes. Wer Freiburg, seine Kultur, seine Leute und seine Landschaft verstehen will, kommt nicht umhin, sich mit Wein zu beschäftigen. Von den dreizehn deutschen Weinbaugebieten sind lediglich Rheinhessen und die Rheinpfalz größer. Hingegen ist die bestockte Rebfläche in Baden mit fast 16.000 ha größer, als die der acht kleinsten deutschen Weinbaugebiete zusammen.

„Nordlichtern" ist die deutsche Weinkultur bisweilen völlig fremd. Einige Bemerkungen hierzu sind deshalb unumgänglich. Deutscher Wein genießt seit jeher einen hervorragenden Ruf, auch wenn dieser in den sechziger und siebziger Jahren durch Massenproduktion vorübergehend stark gelitten hatte. Die deutschen Spitzenweine gehören zu den besten der Welt. Das gilt insbesondere für die deutschen Weißweine, die den deutschen Weinbau von Alters her dominieren. Die badischen Weine haben innerhalb des deutschen Weinbaus eine herausgehobene Stellung. Nirgendwo werden so viele gute Tischweine produziert, wie hier.

Das muss hier leider erst einmal klargestellt werden, weil für viele Norddeutsche der vorwiegend in Süddeutschland hergestellte Wein nicht mehr als Folklore zu sein scheint. Sie sind von ihren heimischen italienischen, griechischen und sonstigen Restaurants eher an Frascati, Pinot Griggio, Montepulciano und Valpolicella oder Retzina und Rioja gewöhnt, was jedoch nichts mit der Qualität, sondern nur etwas mit Marketing zu tun hat. Viele Restaurantbesitzer versuchen mit diesen Weinen ihren Gästen ein Urlaubsgefühl zu vermitteln. Das Gros dieser Weine kann einfach nur als schlecht bezeichnet werden. Baden und andere deutsche Weinbaugebiete haben weit besseres zu bieten.

Damit ist allerdings nicht gesagt, dass alle badischen Weine gut wären. Leider wird hierzulande noch immer viel billiger Massenwein produziert und geglaubt, es sei völlig ausreichend, den Weinabsatz über Marketing anzukurbeln. Insbesondere die Winzergenossenschaften produzieren zum Teil weiterhin Wein, der den Ruf Badens nicht eben fördert. Leider muss gesagt werden, dass mancher Straußenwirt sucht, die mangelnde Weinqualität durch Direktmarketing zu ersetzen. Gleichwohl wird in Baden fantastischer Wein produziert.

Eine ausführliche Beschäftigung mit dem badischen Wein würde dieses Buch sprengen. Wir müssen uns deshalb auf das wichtigste beschränken. Regional beschränken wir uns hier auf den Weinbau am Kaiserstuhl, am Tuniberg und im Markgräflerland, die unmittelbar im Norden bzw. Süden an Freiburg grenzen. Dominant in diesen Bereichen sind die Burgundertrauben. Der sonst in Deutschland sehr verbreitete Riesling ist nur selten zu finden. In allen drei Anbaugebieten werden Weiß- und Rotweine angebaut. Dabei dominieren in der Markgrafschaft und am Kaiserstuhl die Weißweine, während sich am Tuniberg Weiß- und Rotweinanbau fast die Waage halten.

Die badischen Rotweine werden fast nur aus der Spätburgundertraube hergestellt. Diese ist auch Grundlage des so genannten Weißherbstes. Dieser galt früher in Baden als Spezialität und wurde meistens in lieblicher Variante ausgebaut. Seit man sich hierzulande in den späten siebziger Jahren auf trockene Weine besann, ist er aus der Mode gekommen. Zur Abgrenzung wird er heute in seiner trockenen Version mit dem international üblichen Begriff meist als Rosé bezeichnet. Seiner zuckersüßen Geschichte wegen und, weil er häufig aus minderwertigen Trauben hergestellt wurde, die man nicht mehr in den Rotwein geben wollte, ist er unter manchen Weinkennern bis heute verpönt. Die herbe Note, die die Spätburgundertraube dem Wein mitgibt, kann jedoch gerade an heißen Sommertagen durchaus ein Genuss sein. Die Winzer der Provence machen es allenthalben vor.

Die dominierende Weißweintraube der Markgrafschaft ist der Gutedel. Er wurde um 1780 von Markgraf Karl Friedrich aus der Schweiz mitgebracht und in Baden eingeführt. Er wird in Frankreich als Chasselas angebaut, dort aber wesentlich als Speisetraube verwendet. In der Schweiz hingegen bringt er es unter dem Namen Fendant zu einiger Berühmtheit. Die Gutedeltraube bringt leichte, säurearme Weine hervor, die sich hervorragend als Schoppenwein eignen. Der Gutedel ist deshalb der klassische Kneipwein der Freiburger. Für Spitzenweine hingegen ist die Traube weniger geeignet. Gute Qualität durchgegorener Gutedel bieten vor allem die Weingüter Dörflinger aus Mülheim, Heinemann aus Scherzingen und Lämmlin-Schindler aus Mauchen, die deshalb auf fast jeder besseren Weinkarte in Freiburg zu finden sind. Preiswerter sind die Bezirkskellerei Markgräfler Land und die Winzergenossenschaft Hügelheim, die ebenfalls sehr ordentliche Gutedelweine herstellen.

Kaiserstuhl und Tuniberg gehörten bis 1805 wie Freiburg zu Österreich. Hier wurde der Gutedel deshalb nicht eingeführt. Hier nimmt der Müller-Thurgau die Stellung des Alltags- und Kneipweines ein. Dabei handelt es sich um eine Züchtung des Rebenforschers Hermann Müller aus Thurgau in der Schweiz an der Forschungsanstalt Geisenheim im Rheingau. Die Traube liefert sehr aromatische, an Muskateller erinnernde Weine, die früher vorwiegend lieblich ausgebaut wurden. Weil der Ruf des Müller-Thurgaus so schlecht war, wird er heute auch unter den Namen Rivaner, Rislander, selten gar als Riesling-Silvaner angeboten. Diese Namensgebung rührt daher, dass man lange Zeit davon ausging, dass es sich bei dieser Züchtung um eine Kreuzung von Riesling und Silvaner handele. Inzwischen haben aber gentechnische Untersuchungen dieses widerlegt. Der Müller-Thurgau gilt bei Weintrinkern in Freiburg als parfümiert und findet wenig Beachtung.

Die bedeutendste Traube des Kaiserstuhls ist der Grauburgunder. Ehemals wurde er dort Ruländer genannt und zum Teil zuckersüß ausgebaut. Als diesen Weine Anfang der achtziger Jahren niemand mehr trinken wollte, begann man die Trauben etwas früher zu ernten und trocken auszubauen. Auch nannte man diese Weine nunmehr Grauburgunder, was die Übersetzung aus dem französischen (Pinot Gris) ist. Wer jetzt an Pinot Griggio denkt, liegt durchaus richtig. Die Zentralgenossenschaft der badischen Winzergenossenschaften (Badischer Winzerkeller) in Breisach war sich eine Zeit lang nicht zu schade, Grauburgunder unter der italienischen Bezeichnung Pinot Griggio zu vermarkten, um dann sinngemäß auf dem rückseitigen Etikett der Flaschen zu bemerken: „Bei uns ist dieser Wein auch als Grauburgunder bekannt." Die Grauburgundertraube bringt zum Teil hervorragende Weine hervor, die im Geschmack meist etwas kräftiger sind als die des verwandten Weißburgunders.

Der Wein

Auch sind die Weine nicht ganz so säurebetont. Grau- und Weißburgunder bringen wohl die besten badischen Weißweine hervor.

Der europäische Weinbau wird heute stark kontrolliert und reglementiert. Die Weingesetzgebung bietet verschiedene Qualitätsstufen. In Baden spielen die einfachen Kategorien Tafelwein und Landwein neben dem Qualitätswein des Anbaugebietes eine vernachlässigbare Rolle. Zu den einfachen Qualitätsweinen kommen die Qualitätsweine mit Prädikat (Kabinett, Spätlese, Auslese, Beerenauslese und Trockenbeerenauslese). Qualitätsweine dürfen vor der Vergärung nachgezuckert werden, Prädikatsweine nicht. Die einzelnen Qualitätsstufen ergeben sich aus dem Zuckergehalt (gemessen in Grad Oechsle) des unvergorenen Traubenmostes. Je höher dieser ist, desto höher das Prädikat. Ein hoher Zuckergehalt vor der Vergärung führt zunächst zu mehr Alkohol und keinesfalls zwingend zu mehr Restzucker im fertigen Wein. Um liebliche Weine zu erzeugen, wird entweder die Gärung gestoppt oder, heute verbreitet, zum Schluss sterilisierter Traubensaft zugesetzt. Lediglich bei sehr hohem Zuckergehalt (Trockenbeerenauslese) kommt es vor, dass der Gärvorgang infolge des Absterbens der Hefen durch zu hohen Alkoholgehalt vorzeitig abgebrochen wird und damit Restsüße im Wein verbleibt.

Die Lagen, die von alters her als Qualitätskriterium für Wein gelten, spielen heute eine problematische Rolle. In den siebziger Jahren hat der Gesetzgeber zahlreiche Einzellagen zu Großlagen zusammengefasst. Auf diese Weise sollten mittelmäßige bis schlechte Lagen vom Ruf besserer und großer Lagen profitieren. Allerdings wird ein schlechter Winzer selbst in der besten Lage meist nur einen schlechten Wein produzieren. Gute Winzer hingegen können selbst in mittelmäßigen Lagen ordentlichen

Weine herstellen. Das Qualitätskriterium der Lagen hat danach in erheblichem Maße an Bedeutung verloren. Auf diese soll deshalb hier nicht näher eingegangen werden.

Auch das Elsass ist ein hervorragendes Weinbaugebiet. Von der Fläche her ist es etwas kleiner als Baden. Im Wesentlichen werden acht verschiedene Trauben angebaut: Silvaner, Riesling, Pinot Blanc (Weißburgunder), Pinot Gris (Grauburgunder), Muscat, Gewürztraminer, Pinot Noir (Spätburgunder) und Chasselas (Gutedel). Die Rebsortenauswahl lässt also die zeitweilige Zugehörigkeit des Elsass zu Deutschland bis heute erkennen. Denn außer dem Spätburgunder sind alle übrigen angebauten Sorten in Frankreich kaum bekannt. Sämtliche Traubensorten werden sortenrein gekeltert und unter dem entsprechenden Namen auf dem Etikett vermarktet, was für Frankreich ebenfalls eher unüblich ist. Eine Ausnahme bildet insoweit der Chasselas. Er wird so gut wie nie sortenrein ausgebaut, sondern bildet die Grundlage des Edelzwickers. Der Edelzwicker ist der Alltagswein der Elsässer. Er ist ein Verschnitt aus dem Grundwein mit den Resten aus den Fässern der übrigen Rebsorten. Völlig zu Unrecht galt er in Norddeutschland über lange Zeit geradezu als Synonym für elsässischen Wein.

Im Elsass spielen Land-und Tafelweine ebenfalls keine Rolle. Üblicherweise tragen die Weine das Qualitätskriterium AOC (Appellation originale contrôlée). Daneben gibt es für Lagen herausragender Qualität die Bezeichnung Appellation Alsace Grand Cru Contrôlée, die aber nur für die Trauben Riesling, Pinot Gris, Muscat und Gewürztraminer zugelassen ist.

Prädikatsweine gibt es im Elsass offiziell nicht. Allerdings haben sich deutscher Tradition entsprechend zwei Spezialitäten durchgesetzt: Die „Vendage Tardive" entspricht der deutschen Spätlese, die „Sélection des Grains

Der Wein

nobles" der Auslese. Beide Spezialitäten werden üblicherweise süß ausgebaut.

Trotz aller Verwandtschaft mit der deutschen Weinbautradition war der elsässische Wein früher erfrischend anders. Bis in die achtziger Jahre hinein wurde der Wein für den französischen Markt ausgebaut. Das bedeutete, dass die Weine durchgegoren waren. Verbunden mit den im Elsass verbreiteten Traubensorten ergab das einen „stahlharten" säurebetonten Wein, der sich erfrischend von der süßen Plörre, die in Deutschland gerade modern war, abhob. Entsprechend befanden sich elsässische Weine in Deutschland, wie in Frankreich, auf den Speisekarten fast aller namhaften Restaurants und Hotels. Elsässischer Wein galt vielen als Inbegriff eines trockenen Tischweins für viele Gelegenheiten. Dann aber sind die Elsässer dem Massengeschmack erlegen. Zunächst wurden die Weine durch vorzeitiges Stoppen der Gärung immer lieblicher. Nunmehr werden sie zwar verbreitet wieder trocken ausgebaut, aber entsäuert. Das Ergebnis sind langweilige Weine, die ihren besonderen elsässischen Charakter leider verloren haben. Selbst die Haltbarkeit dieser Weine lässt zu wünschen übrig. Folgerichtig sind die elsässischen Weine inzwischen von den Speisekarten weitgehend verschwunden. Nun gibt es Vermarktungsprobleme, weil die wenigen Flaschen, die die Touristen mit nach Hause nehmen, den fehlenden Absatz an die Gastronomie nicht ersetzen können. Langsam zeichnet sich zwar ein Silberstreif am Horizont ab. Aber Vorsicht ist weiterhin geboten.

Student sein

Die Schnäpse

Natürlich werden in Baden Schnäpse hergestellt. Grundlage bilden eine Vielzahl verschiedener Obstsorten. Getreidebrände hingegen werden kaum produziert. Der Standardschnaps, hergestellt aus Äpfeln und Birnen, ist der Obstler. Berühmt ist daneben das Schwarzwälder Kirschwasser. Aber auch Williamsbirnen, Mirabellen und Zwetschgen werden zu Schnaps gebrannt. Als Abfallprodukt der Weinherstellung fallen zwei Schnäpse an: Trester (im Elsass Marc) und Hefeschnaps.

Die Trester-Schnäpse, vorwiegend aus den aromatischeren Trauben, aber auch vom Spätburgunder hergestellt, sind nichts anderes als die badische Variante des Grappa. Wie in Italien auch Hierzulande ehedem als Armeleuteschnaps verschrien, ist er inzwischen hochgepäppelt worden. Nicht selten wird dem Produkt vor der Destillation Wein zugefügt.

Der Hefeschnaps hingegen wird aus dem Bodensatz der Weinvergärung gebrandt. Lokalpatrioten schätzen diesen sehr. Eine weitere Spezialität Badens, der Topinambur, ist leider nur noch wenig zu finden ist.

Anders als im übrigen Deutschland handelt es sich hierbei selten um Industrieproduktion. Es gibt eine Unzahl von privaten Brennrechten aus historischer Zeit, die es Winzern und Obstbauern bis heute erlauben, ihre Schnäpse selbst herzustellen. Im Elsass sind ebenfalls eigenproduzierte Obst- und Tresterbrände verbreitet. Allerdings sind diese aufgrund der französischen Steuern deutlich teurer.

Bier

Baden ist auch ein Bierland. In Freiburg und Umgebung gibt es namhafte Brauereien. Zunächst ist da die Badische Staatsbrauerei Rothaus zu nennen, die sich bis heute im Eigentum des Landes Baden-Württemberg befindet. Deren „Tannenzäpfle" hat Kultstatus erlangt. Selbst in Berlin und Hamburg findet es zahlreiche Liebhaber. In Baden hat es sich allerdings inzwischen starker Konkurrenz der Waldhausbrauerei zu erwehren, die bei Bierverkostungen stets die Preise abräumt. Inzwischen braut sie an der Kapazitätsgrenze. Weiter ist die Fürstenberg-Brauerei in Donaueschingen zu nennen, die heute zur Brau-Holding International AG gehört und auch das Riegeler Bier braut. Zu erwähnen ist zudem das bei Kennern sehr geschätzte Hieronymus-Bier aus Schmieheim, nach dem man aber suchen muss.

Dann ist noch die Ganter-Brauerei zu nennen, die ihren Betrieb in der Freiburger Schwarzwaldstraße hat und unter den Namen „Freiburger" sowie „Ganter" diverse Biere vertreibt. Die Ganter-Brauerei dominiert nach wie vor den Freiburger Biermarkt, seit sie vor mehr als 40 Jahren ihre Konkurrentin, die Feierling-Brauerei, geschluckt hat.

Restaurants

Von des Schlossbergs wald'gen Höhen
winkt der alte Dattler noch.
Kein Student kann widerstehen,
plagt der alte Durst ihn doch.
Liegt die Stadt uns dann zu Füßen,
dünken wir uns Göttern gleich,

Student sein

Jugend hilft das Leben süßen,
Frohsinn macht die Herzen reich.

Freiburglied, Friedrich Seippel, 1920

Besonderes

Dattler

Nun, die Zeiten als der Student seinen Durst auf dem Dattler löschte, sind leider längst vorbei! Familie Dattler betreibt heute dort oben am Schlossberghang ein hervorragendes Restaurant zu gehobenen, aber sehr angemessenen Preisen. Der Blick vom Restaurant oder von der Terrasse auf die Stadt ist fantastisch. Wer das Geld für ein Abendessen nicht aufwenden mag, dem sei zumindest ein Besuch zur Kaffeestunde empfohlen. Selbstverständlich sind die Kuchen und Torten hausgemacht.

Elterntipp: Colombi-Restaurant

Das Colombi Restaurant, im Hotel Colombi gegenüber vom Colombipark gelegen, ist wohl unbestritten Freiburgs bestes Restaurant. Die Preise sind entsprechend. Gleichwohl lohnt sich ein Besuch. Man benötigt als Student nur einen Sponsor.

Markthalle

Anfangs gab es nur samstags das „Fressgässle" in der Zuwegung zum Martins-Bräu. Daraus ist die Idee zur Freiburger Markthalle entstanden. In den Räumlichkeiten einer ehemaligen Druckerei, die für den neuen Zweck hergerichtet wurden, finden sich zahlreiche, gelegentlich wechselnde Stände mit Speisen und Getränken aus aller

Herren Länder. Eine ideale Anlaufstelle für den Hunger zwischendurch. Leider gibt es bis heute nur wenige Sitzplätze. Allerdings kann man sich die Speisen mit in die dortige Osteria nehmen und verzehren.

Primo Market

Der Primo Market war einmal ein italienischer Supermarkt mit einem riesigen Angebot verschiedener Nudeln, typisch italienischer Lebensmittel und einer kleinen Theke für warmes Essen. Zum Verzehr standen einige wenige Stehtische bereit. Inzwischen ist das Angebot immer größer geworden. Es wechselt von Tag zu Tag. Die handgeschriebene Karte wird vom Chef des Hauses persönlich vorgelesen und übersetzt, was bei der heutigen Länge dieser und der großen Zahl der Gäste, gelegentlich etwas nervt. Daneben gibt es inzwischen hervorragende Pizzen. Erhebliche Teile der Lebensmittelregale sind Sitzplätzen und weiteren Stehtischen gewichen. Gleichwohl ist die Atmosphäre erhalten geblieben.

Badische Küche

Die Freiburger Gastronomie ist heute internationalisiert und auf Touristen eingestellt. Badische Gerichte findet man selten. Die folgenden sieben Lokale bilden eine seltene Ausnahme

Großer Meierhof

Der große Meierhof ist eine ehemalige Brauereigaststätte der Riegeler Brauerei, die einst einer Familie Meier gehörte. Bis heute wird Riegeler Bier ausgeschenkt.

Student sein

Hier findet man Sulz, Leberle, Brägele, Schäufele usw. in bester Qualität. Leider hat sich das herumgesprochen. Der große Meierhof, der seit dem letzten Umbau vor wenigen Jahren leider ganz und gar nicht mehr groß ist, ist meistens überfüllt.

Schwarzwälder Hof

Der Schwarzwälder Hof ist gewissermaßen Freiburgs gute Stube. Hier findet man gutbürgerliche Küche zu angemessenem Preis. Ein paar typisch badische Gerichte mehr wären wünschenswert.

Englers Weinkrügle

Das Weinkrügle ist eine Dependance des Schwarzwälder Hof in der Konviktsgasse. Die Küche ist ähnlich. Wenn der Schwarzwälder Hof mal wieder überfüllt ist, hat man hier eine Chance.

Goldener Sternen

Beim Goldenen Sternen handelt es sich um ein Traditionslokal. Es liegt etwas außerhalb der Innenstadt am Tennenbacher Platz (zwischen Knast und Friedhof). Inzwischen wird dort wieder recht ordentlich, mit badischem Einschlag, gekocht. Im Sommer gibt es schöne Außenplätze.

Zum Weinberg

Ein gegenüber der Herdermer Kirche gelegenes altes Dorfgasthaus. Im Sommer kann man sehr schön im Bauerngarten hinter dem Haus sitzen. Es gibt ordentliche badische und ungarische Küche.

Schützen

Der Schützen ist ein seit jahrhunderten bestehendes Lokal. Seit einigen Jahren wird dort wieder gut gekocht. Lokal und Biergarten sind sehr groß, so dass man meist unproblematisch einen Tisch findet.

Kaiser

Der „Kaiser", bis vor wenigen Jahren „Deutscher Kaiser", befindet sich in der Günterstaler Straße. Es gibt preiswerte und gute Küche mit badischem Einschlag.

Ochsen

Das Gasthaus Ochsen liegt an der Zähringer Straße 363 im Stadtteil Zähringen. Eine Speisekarte gibt es nicht. Die wenigen Gerichte werden von den Kellnerinnen und Kellnern angesagt. Spezialität des Hauses sind Schweineschnitzel mit Kartoffelsalat (ausgezeichnet).

Studentische Lokale

Café Atlantik

Das Café Atlantik in der ehemaligen Brauerei Neumeyer ist ein traditionsreicher Studentenclub. Er bietet sehr ordentliche Rindersteaks und Schweineschnitzel zu günstigen Preisen an. Daneben gibt es häufig Life-Musik und andere kulturelle Veranstaltungen.

Walfisch

Im Walfisch finden eine Vielzahl von Parties und Konzerten statt. Regelmäßig gibt es auf zwei Leinwänden

Student sein

Fußballübertragungen. (siehe zur Küche unter SStudentischen Restaurants")

Brennessel

Die Brennessel ist ein Studentenlokal im Stühlinger. Es gibt sehr preiswerte einfache Küche. Berühmt sind die Koteletts mit Pommes.

Haus zur Lieben Hand

Beim Haus zur Lieben Hand handelt es sich gewissermaßen um die Professorenmensa. Die Qualität ist dort deutlich besser als in den anderen Mensen. Die Preise halten sich im Rahmen.

Nächtliche Restaurants

Löwen

Der Löwen ist seit Jahrzehnten ein Freiburger Nachtrestaurant. Es gibt bis Mitternacht warme Küche. Beliebt ist die Schweinshaxe in Sauce Béarnaise.

Webers Weinstuben

Preiswerter und besser isst man in Webers Weinstuben bis um 3:00 Uhr in der Nacht.

Italienische Küche

Storchen

Den Storchen, neben dem Schwabentor gelegen, kann man ebenfalls als Freiburger Traditionslokal bezeichnen.

Allerdings bietet dieses seit Jahren italienische Küche. Insbesondere die frischen Nudeln sind empfehlenswert.

Bürgerstube

Die Bürgerstube „Da Giovanni" ist Freiburgs ältestes italienisches Restaurant. Sie liegt in der Sedanstraße unweit des Theaters. Es gibt täglich frischen Fisch, frische Meeresfrüchte und hausgemachte Pasta von der Tageskarte.

Taormina

Ein einfacher Italiener für den studentischen Geldbeutel am Schwabentorring gelegen. Das Preis-/Leistungsverhältnis stimmt.

Krone

Am Betzenhauser Tor in der Sundgauallee gelegen. Die Umgebung lässt zu wünschen übrig. Dafür gibt es die beste Pizza der Stadt.

Griechische Küche

Korfu

Das Korfu liegt in der Basler Straße an der Johanneskirche. Es gibt ordentlich zubereitete griechische Küche zu angemessenem Preis.

Dimitra

Das Dimitra befindet sich in der Stühlingerstraße, einer Parallelstraße zur Eschholzstraße. Es ist hinter der dortigen Tankstelle gelegen. Es gibt ordentlich zubereitete griechische Küche, allerdings zu deutlich günstigerem Preis. Die Moussaka kann allerdings nicht empfohlen werden.

Olympia

Das Olympia findet sich in der Zähringer Straße 327 in Freiburg Zähringen (Straßenbahnhaltestelle Zähringen). Es bietet beste griechische Küche zu fairem Preis. Weil sich das leider sehr schnell herumgesprochen hat, sollte man besser vorher reservieren. Das Lokal ist recht klein.

Spanische Küche

Casa Espanola

Das Casa Espanola liegt in der Adelhauser Straße. Das Restaurant erstreckt sich über zwei Stockwerke. Im Sommer gibt es Außenplätze auf der gegenüberliegenden Straßenseite. Es ist aus einer spanischen Gastarbeiterkneipe entstanden. Mit dem Umzug in die heutigen Räumlichkeiten sind Flair und günstige Preise allerdings abhanden gekommen.

Kandelhof

Der Kandelhof ist am S-Bahnhof Herdern gelegen. Im gleichen Gebäude befindet sich das gleichnamige Kino. Es gibt ordentliche Speisen zu fairem Preis.

La Finca

Das La Finca befindet sich in Herdern in der Stadtstraße. Hinter dem Haus kann man in einem kleinen Garten gemütlich draußen sitzen. Es ist wohl der beste Spanier der Stadt. Die Preise sind entsprechend etwas höher.

Mexikanische Küche

El Gallo

Das Restaurant El Gallo liegt gegenüber vom Karlsbau. Es ist stets gut besucht. Man findet die übliche mexikanische Küche. Wer im Sommer Rotwein bestellt, sollte die Eiswürfel gleich mitbestellen.

Enchilada

Das Restaurant Enchilada liegt auf dem Karlsplatz am Rande des Karlsbau. Es ist stets gut besucht, daher ziemlich laut. Serviert wird die übliche mexikanische Küche.

Indische Küche

Jaipur

Ein ausgezeichnetes indisches Restaurant in der Gerberau. Die Preise sind angemessen. Sehr gut besucht. Reservierung empfehlenswert!

Chinesische Küche

Wongs Chinarestaurant

Der beste Chinese der Stadt. Leider etwas außerhalb an der Berliner Allee, Ecke Lehener Straße gelegen. Die große Zahl von Asiaten unter den Gästen belegt die Qualität. Abends wird ein zweiteiliges Buffet angeboten (15,90 €). Beim einen Teil sind die Gerichte bereits fertig zubereitet (auch Sushi), beim anderen Teil kann man sich die

Student sein

Zutaten selbst zusammen stellen und diese zum Zubereiten in die Küche geben(Mongolisches Buffet). Mittags ist das Buffet etwas einfacher, kostet aber auch nur 7,90 €.

Hong Kong

Der Chinese für das schnelle chinesische Essen in der Stadt. Ordentliche Speisen zu günstigem Preis (Auf der Zinnen gelegen, gegenüber dem Karlsbau).

Sonstiges

Laterna Magika

Sehr gemütliches kleines Restaurant in der Günterstalstraße. Täglich wechseldes Tagesgericht und Suppen.

Fast food

Burger Chalet

Die wohl beste Adresse für Burger in der Niemensstraße. Allerdings nicht ganz billig.

freiBurger

Hier gibt es ebenfalls gute Burger zu etwas günstigerem Preis. Das Fleisch wird auf Lavastein gegrillt (Schiffstraße 16)

Espressobars

Kolbencafé

Hervorragende Kaffeebar am Martinstor. Dazu gibt es beste französische Patisserie.

Terra Gusto

Die kleine italienische Weinhandlung liegt in der Karlstraße kurz vor dem Kolpinghaus. Es gibt ausgezeichneten Espresso für einen Euro! Den Wein für den Abend kann man dann auch noch gleich dort kaufen.

Strass Café

Eine kleine Espressobar an der Ecke Schusterstraße-Herrenstraße. Die Bar ist berühmt für ihren Käsekuchen (Stefans Käsekuchen vom Münsterplatz). Der Espresso ist ebenfalls ausgezeichnet.

Cafés

Café Schmidt

Das Café Schmidt gegenüber vom juristischen Seminar in der Bertoldstraße ist seit jeher der Treff der Nachwuchsjuristen.

Café Einstein

Eine Institution in der Stadt. Es befindet sich in der Klarastraße im Stühlinger. Angenehme Atmosphäre! Bekannter Frühstückstreff!

Coffee Factory

Ebenfalls eine Institution in der Stadt. Die Coffee Factory liegt in der Habsburger Straße, kurz hinter dem Gebäude der Forstwissenschaftlichen Fakultät (früher Herder-Verlag). Ordentliches Frühstücksangebot und mediteraner Mittagstisch.

Student sein

Café Gmeiner

Café Gmeiner liegt in der Kaiser-Josef-Straße kurz hinter dem Martinstor in Richtung Dreisam. Dort gibt es den wohl besten Kuchen der Stadt (u. a. elsässische Tartes)

Blumencafé

Das Blumencafé befindet sich inmitten der Baumschule Vonderstrass in Lehen. Das ist sicher nicht gleich vor der Tür, aber der Ausflug lohnt sich. Im Sommer lädt eine schöne Terrasse, im Winter ein Kaminfeuer zum verweilen ein. Es gibt Küche mit heimischen Produkten, eine große Frühstücksauswahl und im Winter verschiedene Käsefondues. Leider hat sich das Café herumgesprochen und ist deshalb häufig reichlich überfüllt.

Schlosscafé

Das Schlosscafé liegt auf dem Lorettoberg neben der Loretto-Kapelle. Es gibt eine großzügige Außenterrasse, aber auch aus dem Inneren gibt es einen herrlichen Blick auf die Stadt. Das Schlosscafé bietet ansprechende Frühstücke und abends einfache, aber gute badische und andere Gerichte.

Kneipen

> Darum Heil dir, schönes Freiburg!
> dir mein Herz und dir die Hand!
> Meine schönsten Burschenjahre,
> ich in deinen Mauern fand.
> Wer den Wein noch nie probieret,
> wer nicht alle Kneipen kennt,
> wer den Schwarzwald nie studieret,
> war in Freiburg nie Student!
>
> Freiburglied, Friedrich Seippel, 1920

Der kundige Student trinkt „Rothaus" oder „Waldhaus" und natürlich gerne einen Wein. Früher war das ein Ruländer, so hieß damals der meist zuckersüß ausgebaute Graue Burgunder oder einen genau so süßen Spätburgunder Weißherbst. Grauburgunder ist der Wein, den der Badische Winzerkeller in Norddeutschland als Pinot Grigio verkauft und dann schamhaft auf dem Etikett vermerkt: „Bei uns zuhause nennt man den Wein auch Grauburgunder". Weißherbst heißt im Rest der Welt Rosé. Er wird aus Rotweintrauben gekeltert und sofort von der Schale gezogen. Weil viele Altbadener meinen, dass ein Weißherbst lieblich sein müsse, verkaufen manche Winzer die genießbare, weil trockene Variante des Getränkes inzwischen auch hierzulande als Rosé. Heute trinkt der erfahrene Freiburger Gutedel (vorzugsweise vom Weingut Dörflinger in Mülheim oder vom Weingut Heinemann in Scherzingen), Weißburgunder, Grauburgunder und Spätburgunder Rotwein von hervorragenden Winzern im Kaiserstuhl und in der Markgrafschaft.

Alter Simon

Der alte Simon ist eine der wenigen reinen Bierkneipen der Stadt. Es gibt diverse Biersorten. Das Publikum ist weitgehend studentisch. Man trifft dort viele Verbindungsstudenten, mit und ohne Couleur. Tipp für Rheinländer: Hier gibt's auch Kölsch. Achtung: Raucherkneipe

Atlantik

Das Café Atlantik in der ehemaligen Brauerei Neumeyer am Schwabentorring ist ein traditionsreicher Studenten-Club. Es bietet ordentliche Rindersteaks und Schweineschnitzel zu sehr günstigen Preisen. Daneben gibt es häufig Live-Musik.

Augustiner im Bankepeter

Das Freiburger Studentenlokal ist nach dem Umzug in den Bankepeter mehr zum Restaurant mutiert. U.a. werden Tapas angeboten. Neben Ganter Bier gibt es Augustiner.

O'Kellys

Traditioneller Irish Pub in der Milchstraße. Beliebter Fußballtreff! Hier gibt es Irish Stew, Fish'n Chips und Burger.

Schachtel

Studentische Bierkneipe in der Adelhauser Straße

Schlappen

Altes Studentenlokal, bekannt für seine große Auswahl verschiedener Biere, Whiskeys und Absinths. Preiswerte Speisen! Leider inzwischen auch eine Touristenherberge!

Shooter Stars

Die Bar für den nächtlichen Absacker oder Absturz. Täglich wechselnde Sonderangebote.

Walfisch

Der Walfisch in der Schwarzwaldstraße ist ein altes Studentenlokal. Es gibt einfache preiswerte Küche (Schnitzel, Pfannkuchen).

Warsteiner Galerie

Die Warsteiner Galerie in der Milchstraße bietet neben Warsteiner Bier eine Auswahl von preiswerten Tapas und spanischen Riojas.

Hausbrauereien

Feierling

Familie Feierling betrieb bis in die siebziger Jahre in Freiburg eine Brauerei am Augustinerplatz. Weil der Standort in der Innenstadt immer schwieriger wurde und es Probleme mit der Wasserversorgung durch die eigenen Tiefbrunnen gab, wurde die Brauerei geschlossen und die Marke an die Ganter-Brauerei verkauft. Seit den neunziger Jahren nun betreibt die Familie wieder eine Hausbrauerei auf der Insel. Das Bier ist naturtrüb. Der Geschmack schwankt von Brauvorgang zu Brauvorgang. Das Essen ist qualitativ unterschiedlich. Der Bierauschank findet über drei Stockwerke statt. Dennoch ist das Brauhaus stets gut gefüllt.

Martinsbräu

Die zweite verbliebene Freiburger Hausbrauerei, eine dritte gab es zeitweilig in der Moltkestraße. Das Bier des Martinsbräu ist ansprechend. Das Essen ist ordentlich. Leider kann man nur im Keller sitzen.

Weinstuben

Webers Weinstube

Altes Nachtlokal mit warmer Küche bis in die Nacht.(siehe auch unter nächtliche Restaurants)

Oberkirchs Weinstuben

Wer bereit ist, Münsterplatzpreise für kleine Portionen zu zahlen, kann hier auch essen. Für einen Schoppen Wein ist Oberkirchs immer gut. Die Weinkarte ist ausgezeichnet und die Weinpreise sind angemessen.

Sichelschmiede

Altes Weinlokal auf der Insel. Ordentliche Küche.

Heilig-Geist-Stüble

Weinlokal auf dem Münsterplatz. Bietet die hervorragenden Weine der Heilig-Geist-Spital-Stiftung und gut Badische Küche zu Münsterplatzpreisen.

Nachtleben

Theatercafé

Es gibt ordentliche Weine, Tapas und andere Gerichte. Ideal für einen Schoppen vor oder nach einem Theater- oder Kinobesuch.

Hemingway-Bar

Die Hemingway-Bar ist seit vielen Jahren eine Institution in der Stadt. Hier werden die wohl besten Cocktails serviert. Seit Einführung des Nichtraucher-Schutzgesetzes hat sie zwei Stockwerke. Die sehr schön eingerichtete „Smoker's Lounge" befindet sich im Keller.

Kagan

Im Hochhausturm des Bahnhofs gelegene Bar mit schönem Blick über die ganze Stadt.

Skajo

Restaurant und Bar mit großer Terrasse im Dachgeschoss in der Kaiser-Josef-Straße, nahe der Sparkasse gelegen. Schöner Blick auf Münsterturm und Schlossberg.

Café Atlantik

Musikclub und Restaurant (siehe dort) am Schwabentorring mit vorwiegend studentischem Publikum.

ElPi

Studentenclub in der Schiffstraße, in einem Keller gelegen (gegenüber der Schwarzwaldcity)

Student sein

Schneerot

Diskothek im Kornhaus

Crash

Der Punkclub der Stadt und Treffpunkt für alle Nachtschwärmer.

Ruefetto

Ruefetto befindet sich unter bzw. hinter dem Café Ruef in der Kartäuserstraße. Donnerstags gibt's Jazz. (Eingang vom Granatgässle).

Waldsee

Der Waldsee ist ursprünglich ein Ausflugsrestaurant. Seit langem finden im Saal abendliche Musikveranstaltungen statt. Im Sommer kann man darüber hinaus wunderschön auf der Terrasse sitzen und den Blick auf den See genießen. Die Küche ist einfach uns bodenständig. Ungefähr im monatlichen Abstand finden schwul-lesbische Partys, organisiert von der „Rosa Hilfe" statt.

White Rabbit

Kneipe mit Live-Musik in einer ehemaligen Unterführung unter dem Leopoldring

Bäckerei Lienhart

Die Bäckerei Lienhardt am Schwabentorring öffnet bereits um 3:30 Uhr die Türen. Der nächtliche Hunger kann hier deshalb noch gestillt werden, bevor es zum Schlafen geht.

Biergärten

Kastaniengarten

Der Kastaniengarten liegt oberhalb des Greiffeneck-Schlössles auf dem Schlossberg. Wenn man am Schwabentor den Schlossbergring über die dortige Fußgängerbrücke überquert findet man einen Aufzug mit dem man nach einmaligem Umsteigen das Greiffeneckschlössle erreicht. Von dort sind es dann nur wenige Meter bis in den Biergarten. Natürlich kann man die wenigen Höhenmeter auch zu Fuß ersteigen.

Im Kastaniengarten sitzt man herrlich unter alten Bäumen und hat einen wunderschönen Ausblick auf Freiburg und in das Dreisamtal. An lauen Sommertagen ist der Biergarten unschlagbar. Leider ist es dort oben häufig zugig. Ausgeschenkt wird Fürstenberg-Bier. Die angebotenen Speisen sind verbesserungswürdig.

Feierling Biergarten

Der Feierling-Biergarten befindet sich am Augustinerplatz gegenüber der Hausbrauerei. Dort läßt es sich auf zwei Ebenen wunderschön unter alten Bäumen sitzen. Der Garten liegt ziemlich geschützt, so dass es sich dort auch an kühleren Tagen aushalten lässt. Ausgeschenkt wird das Feierling-Bier der Hausbrauerei. Dazu werden kleinere Speisen angeboten.

Zum Stahl

Das Gasthaus zum Stahl mit Biergarten befindet sich am Ende der Bebauung in der Kartäuser Straße, unmittelbar vor dem Campingplatz. Der erkennbar alte Biergarten bietet unter hohen Kastanienbäumen einfache, ordentlich zubereitete badische Gerichte. Im Restaurant werden gehobenere Speisen angeboten. Das Bier kommt von der Brauerei Ganter.

Kybfelsen

Der Biergarten der Gaststätte Kybfelsen befindet sich an der Endhaltestelle der Straßenbahn nach Günterstal. Dort findet man ordentliche biergartengemäße einfache Gerichte, leider zu etwas überzogenem Preis. Das Bier kommt von der Brauerei Ganter.

Paradies

Das Paradies liegt am Rande des Stühlinger, nahe der Uniklinik. Es gibt einen schönen alten Biergarten unter hohen Bäumen. Die Speisekarte ist vielfältig, das Essen ordentlich.

Waldsee

Das Waldseerestaurant (siehe unter Nachtleben) hat auch einen wunderschönen Biergarten, was immer gerne vergessen wird. Es werden typische Biergartenspeisen serviert.

St. Ottilien

Sankt Ottilien ist ein alter Wallfahrtsort am Ende der Kartäuserstraße, also kurz vor Ebnet im Wald gelegen. Man erreicht es am Besten zu Fuß vom Schlossberg aus. Der Weg über den Kanonenplatz ist ausgeschildert. Man sollte von dort ungefähr fünfundvierzig Minuten für den Weg rechnen. Die Kapelle aus dem Jahre 1503, soll einen Vorgängerbau aus dem Jahre 679 (!) gehabt haben. Sie ist der heiligen Odilia gewidmet. In die Kapelle integriert ist eine Quelle, deren radonhaltiges Wasser bei Augenleiden helfen soll. Im daneben gelegenen Gasthaus findet man gut zubereitete Speisen zu fairem Preis. Vor dem Gasthaus findet sich ein schöner Biergarten. Serviert wird Bier der Brauerei Ganter.

Seepark

Im Seepark, unweit der Sundgauallee gelegen, findet sich ein Biergarten mit schönem Blick auf den See. Leider herrscht dort Pommes-Frites-Kultur. Es wird Ganter Bier in Selbstbedienung angeboten.

Zähringer Burg

Das Waldrestaurant mit Biergarten „Zähringer Burg" liegt oberhalb von Zähringen im Wald. Es ist über die Reutebachgasse zu erreichen. Die Küche bietet saisonale Speisen mit badischem Einschlag. (Achtung: es gibt ein gleichnamiges Lokal in der Reutebachgasse. Das ist hier nicht gemeint)

Einkaufstipps

Münstermarkt

Der tägliche Markt rund um den Münsterplatz ist ein Einkaufsparadies für Obst- und Gemüseliebhaber. Daneben findet man aber auch Fisch und Bioziegenkäse aus hiesiger Produktion. Ein Stand mit ganz ausgezeichnetem Käsekuchen ist ebenfalls zu finden. Leider ist der Markt eine Touristenattraktion, was den Einkaufsspaß insbesondere an Samstagen erheblich beeinträchtigt.

La Baguette

Das La Baguette bietet französische Backwaren aus Neuf Brisach von bester Qualität. Es befindet sich in der Eschholzstraße 36.

La Spelta

Dinkelbäckerei in Herdern mit Mittagskarte (vegetarische Gerichte)

Primo Market

Der Primo Market bietet eine Unzahl von Pastasorten, ausgezeichnete Weine und vor allem bestes Obst und Gemüse aus Italien (eigener Import). Zudem werden warme Speisen und Pizzen angeboten. (siehe auch unter Restaurants)

Bahnhofssupermarkt

Der Bahnhofsupermarkt ist die letzte Rettung für die, die es am Samstag wieder einmal nicht geschafft haben, einzukaufen. Der im Tiefgeschoss des Bahnhofs gelegene Markt hat auch an Sonn- und Feiertagen täglich zwischen fünf und vierundzwanzig Uhr geöffnet.

Automaten-Emma

Tante Emma am Komturplatz hat sogar rund um die Uhr geöffnet. Allerdings muss man auf nette Verkäuferinnen oder Verkäufer hier verzichten. Die angebotenen gekühlten wie ungekühlten Lebensmittel werden mit Hilfe eines Automaten verkauft. Der Laden ist ein Relikt aus der Zeit, als in Freiburg die Geschäfte um achtzehn Uhr schlossen.

Frankreich

Auch wenn in Freiburg und Umgebung die Einkaufsmöglichkeiten immer besser werden, sind uns die französischen Nachbarn jenseits des Rheins diesbezüglich meilenweit voraus. Freilich gilt das nicht für alle Produkte, aber Terrinen, Pasteten, Käse, Geflügel, Fisch, Obst, Gemüse, Kaffee und einiges mehr sind in Frankreich in hoher Qualität zu erheblich günstigerem Preis zu erhalten. Schon in den sechziger Jahren hat Frankreich mit dem Label Rouge ein Qualitätssiegel eingeführt, auf das wir in Deutschland bis heute neidisch sein können. Wesentlich aus geschmacklichen Gründen hat man dort schon vieles vorweggenommen, was in Deutschland später die Öko-Bewegung mit ihren Bioprodukten einzuführen suchte. Selbst diese sind zwischenzeitlich überall erhältlich. Medikamente sind größtenteils ebenfalls wesentlich preiswerter. Riesige Supermärkte und Shopping-Malls, wie man sie sonst nur aus den USA kennt, finden sich allerorten. Manch eine Obst- und Gemüsetheke ist größer als ein durchschnittlicher deutscher Supermarkt Unsere französischen Nachbarn sind nämlich viel amerikanischer orientiert, als sie gemeinhin zugeben möchten.

Verbindungen

> Student sein, wenn die Humpen kreisen
> in lieberschlossnem Freundesbund
> von alter Treue bei den Weisen
> der Väter jauchzt der junge Mund

Student sein

> Student sein, wenn die Herzen freier
> auf der Begeisterung Höhe stehn
> Das ist des Lebens schönste Feier
> Herr, laß sie nie zu Ende gehn!
>
> Josef Buchhorn, Student sein, wenn die Veilchen blühen, 1907

Studentenverbindungen? Was soll denn das jetzt? Wen interessiert das denn heute noch? Nun, Freiburg hat bis heute 33 Studentenverbindungen der unterschiedlichsten Prägung. Diese sind immer noch Teil der studentischen Kultur und des Nachtlebens. Zwar gibt es eine Fülle von Vorurteilen gegen Studentenverbindungen. Wer sich näher damit beschäftigt, wird bald feststellen, dass diese Vorteile weitgehend unbegründet sind. Der weitaus überwiegende Teil der studentischen Verbindungen ist keinesfalls rechts. Richtig ist, dass die Mitglieder das gesamte Spektrum der Parteienlandschaft in Deutschland abdecken. Rechtsradikale sind in fast allen Verbindungen genauso unerwünscht wie in sonstigen akademischen Zirkeln. Mit Ausnahme weniger Burschenschaften nehmen alle Verbindungen gerne Ausländer auf. Verbindungen sind auch nicht frauenfeindlich. Der überwiegende Teil der Verbindungsveranstaltungen ist für Gäste beiderlei Geschlechtes offen. Freilich möchten Männer (wie Frauen) gelegentlich einmal unter sich sein. Das war seit jeher so und wird immer so sein. Außerhalb der organisierten Form von Studentenverbindungen nimmt daran zumeist keiner Anstoß.

Verbindungen haben nicht den Zweck, Seilschaften zu bilden, das ist nur ein gängiges Vorurteil. Sie sind im wesentlichen Freundeskreise, die der gemeinsamen Freizeitgestaltung dienen. Das später im Berufsleben Menschen, die sich untereinander kennen, gelegentlich zusammen arbeiten, entspricht dem Verhalten in anderen gesellschaftlichen Organisationen. Politische Parteien, Gewerkschaften, Unternehmerverbände usw. dienen in ganz anderem Maße der gegenseitigen Karriereförderung, völlig offen und mit gesellschaftlicher Billigung.

Verbindungen haben aber eine soziale Komponente. Sie ermöglichen Studenten dank der Unterstützung durch die alten Herren einen Lebensstandard, den sie sich sonst nur leisten können, wenn sie aus reichem Hause stammen. Dabei fordern die allerwenigsten Verbindungen von ihren Mitgliedern, dass sie über ein gewisses monatliches Mindestsalär verfügen.

Es gibt in Freiburg eine Damenverbindung, vier gemischte Verbindungen und 28 reine Männerbünde. Dabei ist die Diskussion müßig, weshalb es nicht mehr Damenverbindungen in Freiburg gibt. Die erste wurde in Freiburg 1904 gegründet. Bereits vor dem Zweiten Weltkrieg gab es sieben. Keiner dieser Damenverbindungen ist die Wiedergründung nach dem Krieg gelungen. Demgegenüber haben sich fast alle Männerbünde wieder gegründet. In den achtziger und neunziger Jahren wurden fünf neue Damenverbindungen gegründet. Einzig die erste dieser fünf neuen Damenverbindungen existiert bis heute. Es ist die AV Merzhausia, gegründet 1982. Die Verbindung besitzt einen Keller in der Turnseestraße 24 und veranstaltet ihre großen Feste und Parties im Übrigen auf den Häusern der vielen befreundeten anderen Verbindungen. Daneben gibt es vier gemischte Studentenverbindungen. Die AMV Alt-Straßburg (Sonderhäuserverband), die ATV Cheruskia-Burgund (ATB), die Bremer Gesellschaft (PC) und die Burschenschaft Vandalia im Schwarzburgbund (SB). Dabei ist zu bemerken, dass die drei erstgenannten Verbindungen zwar weiterhin an

Conventsprinzip und Lebensbund festhalten, aus Imagegründen aber gleichwohl nicht mehr als Verbindung bezeichnet werden möchten. Dann folgt die große Zahl der achtundzwanzig Verbindungen, die nur Männer aufnehmen. Diese Gruppe ist zunächst zu unterscheiden in die schlagenden (Mensur fechtenden) und nichtschlagenden Verbindungen.

Folgende Verbindungen sind derzeit in Freiburg aktiv:

Albingia-Schwarzwald-Zaringia	1889	MR	n	M
AMV Alt-Straßburg	1882	SV	n	G
ATV Cheruscia-Burgund	1894	ATB	n	G
AV Merzhausia	1982	—	n	D
Bremer Gesellschaft	1886	PC	n	G
Burschenschaft Alemannia	1860	—	f	M
Burschenschaft Franconia	1877	NeueDB	f	M
Burschenschaft Normannia	1924	RKDB	n	M
Burschenschaft Saxo-Silesia	1885	DB	pf	M
Burschenschaft Teutonia	1851	—	pf	M
Burschenschaft Vandalia	1909	SB	n	G
Corps Rhenania	1812	KSCV	pf	M
Corps Suevia	1815	KSCV	pf	M
Corps Palatia-Guestphalia	1841	KSCV	pf	M
Corps Hasso-Borussia	1876	KSCV	pf	M
Corps Hubertia	1868	KSCV	pf	M
Freiburger Wingolf	1911	Wingolf	n	M
K.D.St.V. Arminia	1874	CV	n	M
K.D.St.V. Falkenstein	1912	CV	n	M
K.D.St.V. Hercynia	1873	CV	n	M
K.D.St.V. Hohenstaufen	1905	CV	n	M
K.D.St.V. Ripuaria	1899	CV	n	M
K. D.St.V. Wildenstein	1924	CV	n	M

K.St.V. Brisgovia	1880	KV	n	M
K.St.V. Germania-Hohentwiel	1912	KV	n	M
K.St.V. Neuenfels	1927	KV	n	M
K.St.V. Rheno-Palatia	1911	KV	n	M
Landsmannschaft Cimbria	1884	CC	pf	M
Landsmannschaft Neoborussia	1849	CC	pf	M
Sängerschaft Guilhelmia-Niedersachsen	1886	DS	f	M
Turnerschaft Markomanno-Albertia	1879	CC	pf	M
VDSt Freiburg	1901	VVDSt	n	M
W.K.St.V. Unitas	1895	UV	n	M

Legende:

n = nichtschlagend   D = Damenverbindung
f = freischlagend   M = Männerbund
pf = pflichtschlagend   G = gemischter Bund

Die Verbindungen gehören verschiedenen Dachverbänden an, die sich in wesentlichen Punkten unterscheiden, was auch den Charakter der Verbindung beschreibt. Deshalb sind diese Dachverbände hier kurz beschrieben. Eine nähere Beschreibung jeder einzelnen Verbindung würde den Rahmen dieses Buches sprengen.

- ATB Akademischer deutscher Turnbund

  Sehr heterogener Verband. Die Verbindungen sind weit überwiegend für Männer und Frauen offen. Wie der Name schon sagt, entstammt der Verband der Turnerbewegung.

Student sein

- CC Coburger Convent

  Der Dachverband der Turnerschaften und Landsmannschaften. Er ist pflichtschlagend und farbentragend.

- CV Cartellverband der katholischen Studentenverbindungen

  Der größte studentische Dachverband in Deutschland. Er nimmt nur männliche Katholiken auf, trägt Farben und wirbt allenthalben mit seinen hervorragenden Beziehungen.

- DB Deutsche Burschenschaft

  Der Verband der ewiggestrigen Burschenschaften, die leider nicht im 21. Jahrhundert angekommen sind. Die Freiburger Burschenschaft Saxo-Silesia gehörte bis in die späten achtziger Jahre zu den liberalen Burschenschaften, die aus der DB ausgeschlossen waren, konnte sich aber bislang zu einem Austritt nicht entschließen. Statt dessen berichtet die Badische Zeitung neuestens von ganz seltsamen Umtrieben auf dem Haus der Burschenschaft. Schade!

- DS Deutsche Sängerschaft

  Dachverband musischer, fakultativ schlagender und farbentragender Verbindungen.

- KSCV Kösnener Seniorenconvent

  Der Zusammenschluss der Corps an den nicht technischen Universitäten. Pflichtschlagend, und nach seiner Selbsteinschätzung einfach etwas Besseres, das auf den Rest der Welt abfällig herabsieht.

- KV Kartellverband der katholischen Studentenvereine

  Der KV trägt historisch keine Farben, seit einigen Semestern stellen aber diverse Vereine ihren Mitgliedern das Tragen von Farben frei. Seit den sechziger Jahren können eingeschränkt Protestanten Mitglied werden.

- MR: Miltenberger Ring

  Ein sehr kleiner Verband heute nichtschlagender und nicht farbentragender Verbindungen mit fünf aktiven Mitgliedsverbindungen in Deutschland. Der Verband ist aus dem (gemischten) Miltenberg-Wernigroder Verband entstanden und besteht nun ausschließlich aus Männerbünden.

- NeueDB Neue Deutsche Burschenschaft

  Ein Dachverband liberaler, meist sehr alter, fakultativ (freiwillig) schlagender Burschenschaften, die aus der Deutschen Burschenschaft (DB) weit überwiegend schon vor vielen Jahren aus politischen Gründen ausgeschieden sind.

- PC Präsidialconvent

  Ein lockerer Zusammenschluss akademischer Gesellschaften ohne ausgeprägtes Prinzip. Die Verbindungen nehmen Männer und Frauen auf. Sie halten am Conventsprinzip und Lebensbund fest, wollen aber nicht mehr als Verbindung angesehen werden.

- SB Schwarzburgbund

  Ein ehemals sehr liberal-christlicher Dachverband, der heute das christliche Element mehr als Folklore betrachtet. Er ist stolz auf seine Vielfältigkeit.

Nicht nur für Außenstehende ist allerdings nicht erkennbar, auf welchen gemeinsamen Grundwerten dieser Dachverband noch beruhen soll. Die Mehrheit der Verbindungen nimmt Frauen auf. Manche nennen sich Burschenschaft. Eine Landsmannschaft und eine schwarze (nicht farbentragende) Verbindung sind ebenfalls Mitglied.

- SV Sonderhäuser Verband

  Ein Verband musisch orientierter Studentenverbindungen, die für Männer und Frauen offen sind

- UV Unitas-Verband katholischer Studentenvereine.

  Der UV besteht aus Männerbünden und Damenverbindungen. Die Freiburger Damenverbindung Unitas Edith Stein ist vor wenigen Jahren wieder eingegangen. Der Männerbund besteht fort.

- VVDSt Verband der Vereine Deutscher Studenten

  Nichtschlagend und nicht farbentragend. Der VVDSt versucht das staatsbürgerliche Interesse seiner Mitglieder zu fördern. Der VDSt hatte eine „Damenabteilung", den VDSti, der aber vor einigen Jahren mangels Mitgliedern wieder aufgelöst werden musste.

- Wingolf

  Der Wingolfsbund ist der älteste studentische Dachverband. Er versteht sich von alters her als ein Bund an verschiedenen Universitäten. Die Unterschiede sind gleichwohl teilweise gravierend. Der Wingolf ist christlich, legt aber seit jeher großen Wert auf seine Überkonfessionalität. Eine deutliche protestantische Prägung lässt sich allerdings nicht verleugnen. Der Wingolf hat die Gründung eigenständiger katholischer Verbindungen nicht verhindern können, die Gründung rein evangelischer Verbindungen im Wesentlichen schon.

Schwul-Lesbische Szene

Wer in ein Freiburger Bächle tritt, muss einen Freiburger oder eine Freiburgerin heiraten. Also Vorsicht! Irgendwann wird jeder diesen dummen alten Spruch in Freiburg hören, der auf die „besonderen Gefahren" in Freiburg hinweist. Wo sonst laufen zum Teil nur wenige Zentimeter breite Wasserläufe quer über Plätze, kreiert von Stadtplanern und Architekten, die bei der Planung ziemlich betrunken gewesen sein müssen, weil man da doch dauernd hineintritt. Wahrscheinlich gibt es gar nicht so viele Freiburger und Freiburgerinnen, wie man benötigte, wenn dieser Spruch zuträfe. Ach, du bist schwul oder lesbisch und deshalb nicht betroffen? Fehlanzeige! Wie die Badische Zeitung vor einigen Jahren ergänzte: „Es darf auch gleichgeschlechtlich sein!"

Freiburg ist liberal! Freiburg wählt trotzdem nicht oder immer weniger FDP. Ob das daran liegt, dass diese Partei nicht mehr liberal ist?

Also, Schwule und Lesben gibt es in Freiburg natürlich auch. Früher gab es diverse Kneipen speziell für dieses Klientel. Nur hat jede Liberalisierung ihre zwei Seiten. Je weniger die Homosexuellen aus der Gesellschaft ausgegrenzt werden, umso weniger bedürfen sie eigener Orte um sich zu treffen. Geblieben ist in Freiburg allein die Sonderbar. Wie könnte eine schwul-lesbische Bar anders heißen? Nicht nur, dass Lokal und das meiste Publikum wirklich sonderbar sind. Es liegt in der Salzstraße, fast schon im Hinterhof, und ist nur durch einen langen Gang von der Straße erreichbar. Zu finden ist es dennoch. Einfach dem Rauch hinterher laufen ... Die Sonderbar ist eine Raucherkneipe. Das merkt man!

Das liegt nicht daran, dass dort so viele rauchende Homosexuelle zu finden sind, sondern so viele Gabis, die eine Raucherkneipe entdeckt haben. Das Nichtraucherschutzgesetz treibt eben bisweilen seltene Blüten. Du weißt nicht, was eine Gabi ist? Nun, du musst nicht alles wissen. Auch Schwule dürfen ihre Geheimnisse haben.

Meistens findest du dort einen gelangweilten Typen hinterm Tresen, der von manchem etwas verstehen mag; von Service versteht er nichts. Aber wenn du Glück hast, nett lächelst und nicht zu viele Gäste da sind, bekommst du wahrscheinlich schon ein Bier.

Dann kannst du in jedem Schwulenführer lesen, das „Le Garecons" im Bahnhof sei ein schwules Lokal. Meine Forschungsarbeiten, wer das erfunden hat, sind ndch nicht abgeschlossen.

Ach ja, fast hätte ich es vergessen: Weil das schwule Kneipenleben so trostlos ist, sucht die Rosa Hilfe ein wenig für Abhilfe zu schaffen und veranstaltet im wöchentlichen Wechsel im Joos Fritz Café bzw. im Strandcafé (Grether Fabrikgelände) am Freitagabend ab einundzwanzig Uhr schwul-lesbische Kneipenabende. Aber Jungs, aufgepasst: Wenn das schwul-lesbische Café im Strandcafé geöffnet ist, findet parallel im Joos Fritz die „Bar für die Frau" statt. Schwule Jungs sind da selbstverständlich nicht willkommen. Lesben verstehen da keinen Spaß. Der eine oder andere unbedarfte „Nachwuchsschwule" soll da schon gefressen worden sein! Die Rosa Hilfe ist übrigens seit fast 30 Jahren der Organisator und die Anlaufstelle für schwules Leben in Freiburg.

Schwul-Lesbische Szene

Daneben gibt es diverse Partys, veranstaltet vom ASTA bzw. UASTA in der Mensa, den Mia Club in der Universitätsstraße (einmal im Monat), das Jazzhaus (gelegentlich) und die legendäre Party am Waldsee (ungefähr monatlich), organisiert von der Rosa Hilfe.

Jetzt wirst du fragen, warum dieses Thema in diesem Buch überhaupt thematisiert wird? Nun, 5 bis 10 Prozent der Bevölkerung sind homosexuell. 5 bis 10 Prozent Deiner Kommilitonen sind es also auch. Die wird es sicher Interessieren, wenn es dich nicht interessiert. Wenn du nicht zu dem Kreis der gleichgeschlechtlich liebenden gehörst, schadet dir eine gewisse Grundkenntnis nicht. Jedenfalls ist es sicher geeignet Deine Tolernanz zu fördern.

Gehörst du aber zu dem Kreis der gleichgeschlechtlich Liebenden, dann verzage nicht. Dank der „Blauen Seiten" (Planet Romeo) im Internet kommt in Freiburg jeder, der sucht, auf seine Kosten. Quantität ist nämlich nicht Qualität. Wer glaubt, dass es im sexbesessenen, derben Berlin, in München, Hamburg oder Köln, leichter ist, einen Partner zu finden, der hat die schwule Welt nicht verstanden.

Also denke daran:

> Student sein, wenn zwei Augen locken,
> ein süßer Mund verschwiegen küßt,
> daß jählings alle Pulse stocken,
> als ob im Rausch man sterben müßt,
> Student sein, in der Liebe Morgen,
> wenn jeder Wunsch ein frommes Flehn,
> Das ist das Leben ohne Sorgen,
> Herr, laß es nie vorübergehn

Student sein, s. o.

Student sein

Und lass dich nicht davon beunruhigen, dass der Verfasser des Liedes dabei wohl andere Vorstellungen hatte, als Du sie vielleicht hast.

Badeseen

Flückiger See-Seepark

Der Seepark im Rahmen der Landesgartenschau 1986 in Freiburg aus einem ehemaligen Kiesgrubengelände entstanden. Der See ist zum Baden auf eigene Gefahr freigegeben. Vor einigen Jahren ist er grundgereinigt worden. Seither ist die Wasserqualität gut. Das Wasser ist nicht nur klar, sondern unbedenklich. Anfangs ging die Polizeibehörde rigoros gegen Nacktbader vor, was die Leserbriefspalten in der Badischen Zeitung füllte. Schließlich gab die Stadt nach. Auf den Hügeln auf der Parkseite findet man deshalb viele Nacktbader. Im Anschluss an ein Bad im See kann man wenige Meter weiter seinen Durst im Biergarten löschen oder im "Lagoßu Abend essen.

Dietenbachsee

Kleiner See in der Dietenbachanlage unweit der Haslacher Straße. Das Seeufer bietet eine große Liegewiese. Die Nacktbader treffen sich am Nordufer des Sees. In den letzten Jahren gab es häufig Gerüchte über die mangelnde Wasserqualität. Aber die sind wie anderenorts mit Vorsicht zu betrachten.

Moosweiher

Kleiner See, in einer Parkanlage im Mooswald gelegen. Er befindet sich links der Elsässer Straße, kurz hinter der Endhaltestelle Landwasser. Ausreichend Parkplätze sind vorhanden. Das Wasser ist klar, die Liegewiesen sind gepflegt.

Großer Opfinger See

Ein riesiger, im Mooswald gelegener Baggersee in dem bis vor kurzem gebaggert wurde. Er diente zwar seit Jahrzenten als Badesee, wurde aber gerade umgestaltet und mit neuen Liegewiesen versehen, nachdem der Baggerbetrieb eingestellt wurde. Im Nordteil des Sees herrscht aus ökologischen Gründen Badeverbot. Der See ist im Wald rechts der Opfinger Straße noch weit hinter dem Rieselfeld gelegen. Die Zufahrt ist ausgeschildert. Mit dem Farrad ist der See über den Mundenhof erreichbar. Inzwischen gibt es einen Kiosk mit Toiletten zur Versorgung der Badegäste und eine DLRG-Wache. Die Wasserqualität wird regelmäßig beprobt und gilt als ausgezeichnet.

Kleiner Opfinger See

Der kleine Opfinger See, unweit des großen Sees im Wald gelegen, ist eine deutlich ruhigere Alternative zum sehr beliebten großen See. Man erreicht ihn, indem man an der Zufahrt zum großen Opfinger See vorbeifährt. Kurze Zeit später sieht man schon an der Straße auf der linken Seite den Parkplatz zum See liegen.

Niederrimsinger See

Der Niederrimsinger See ist ein großer Baggersee in dem bis heute gebaggert wird. Das führt dazu, dass sich das Ufer ständig verändert. An weiten Teilen des Sees ist es kaum möglich ins Wasser zu gelangen, weil die Böschung

Student sein

sehr steil ist. Das Baden wird geduldet. Seit Jahrzehnten gilt der See als das Paradies der Nacktbader. Der See ist glasklar. Es gibt eine Unzahl von Reptilien und Amphibien. Der Blick vom Seeufer auf den Schwarzwald ist idyllisch. Man erreicht den See, indem man auf der L 134 in Richtung Gündlingen fahrend nach dem Kieswerk rechts in den Wald abbiegt.

Nimburger See

Der Nimburger See liegt wunderschön im Wald. Zwischen Parkplatz und See befindet sich ein Kiosk, das im Sommer warme Speisen (Curry-Wurst, Pommes) und Kuchen anbietet. Rund um die Insel ist der See sehr flach, so dass selbst Nichtschwimmer auf ihre Kosten kommen.

Zienkener See

Der Zienkener See liegt zwischen Griesheim und Zienken an der L 134. Das Ufer ist flach, der Zugang unproblemaisch. Im Wasser geht es dann aber steil nach unten. Die Parkplätze sind sehr begrenzt. Nacktbaden ist unerwünscht.

Steinenstädter See

Der Steinenstädter See bietet einen wunderbaren Blick auf den Schwarzwald. Das Wasser ist sehr klar. Leider wird dort inzwischen wieder gebaggert. Am Parkplatz zum See findet sich ein FKK-Club, der aber keinen Seezugang hat. Nacktbaden im See wird aber geduldet.

Isteiner Schwellen

Bei den Isteiner Schwellen handelt es sich um Stromschnellen im Altrhein. Der Wasserstand ist dort niedrig. Zahlreiche Felsen ragen aus dem Wasser. An vielen Stellen kann man stehen. Trotz der starken Strömung laden die Isteiner Schwellen zum Baden geradezu ein. Liegeplätze am Ufer sind ausreichend vorhanden. Sie sind deshalb ein beliebtes Badeparadies, auch für Nacktbader. Man erreicht die Isteiner Schwellen von Efringen-Kirchen aus kommend, indem man nach dem Kreisverkehr, gegenüber vom Sportzentrum, links abbiegt. Nach der Unterführung findet sich ein großer Parkplatz.

Thermalbäder, Saunen und Badelandschaften

Thermalbäder

Eugen-Keidel-Bad

Das Eugen-Keidel-Bad befindet sich im Mooswald zwischen Sankt Georgen und dem Autobahnanschluss Freiburg Süd. Es bietet Innen-und Außenbecken, die ganzjährig geöffnet sind. Eine Thermalquelle sorgt für stets angenehme Temperaturen. Die Wassertemperatur ist mit 36 Grad neben Bad Bellingen die wärmste in der Umgebung.

Weitere Thermalbäder

Weitere Thermalbäder in der Umgebung befinden sich in Bad Krozingen, Badenweiler und Bad Bellingen.

Student sein

Spaßbäder

Badeparadies Schwarzwald

Riesige Badelandschaft mit Palmengarten und Wellnessbereich in Titisee-Neustadt

Laguna

Ein Spaßbad mit Wellnessbereich und Freibad in Weil am Rhein

Ausflüge

Glottertal

> Glottertal ist auch nicht ferne,
> nur der Heimweg manchmal schwer,
> man verwechselt Mond und Sterne
> und die Bäume schwanken sehr.
> Volle Becher fröhlich kreisen,
> rascher fließt Studentenblut,
> und bei alten lust'gen Weisen
> stärkt sich neu der Zecher Mut.
>
> Freiburglied, Friedrich Seippel, 1920

Schnitzelessen im Glottertal

Ein beliebtes Wander- und Ausflugsziel, aber auch ein Fremdenverkehrsort ist das Glottertal. Die Restaurantpreise sind dort aber meist recht hoch, jedenfalls zu hoch für den studentischen Geldbeutel. Damit aber die Studenten dort nicht hungern müssen, bieten die Gasthäuser Hirschen und Adler zu sehr günstigen Preisen nach

Ausflüge

Vorbestellung „Studentenschnitzel" an. Sehr empfehlenswert! Beide Restaurants sind von hoher Qualität Wenn also die Eltern mal wieder ausgeführt werden sollen oder einen Schlafplatz benötigen, sind diese beiden Gasthäuser ebenfalls eine gute Adresse (dann gibt es natürlich keine Studentenschnitzel).

St. Barbara

Sankt Barbara ist ein Ausflugslokal, oberhalb von Littenweiler gelegen. Das Lokal gehört zum Weingut Schneider in Müllheim-Zunzingen. Das Restaurant „Bauerntafel" bietet einfache Gerichte aus hochwertigen Zutaten zu fairem Preis. Man erreicht es aus Littenweiler kommend über die Sonnenbergstraße. Der Parkplatz befindet sich ungefähr 300 Meter vom Restaurant entfernt. Die letzten Meter muss man zu Fuß zurücklegen.

St. Valentin

Das St. Valentin befindet sich im Wald oberhalb von Günterstal. Aus Freiburg kommend, biegt man am Ortsende von Günterstal links ab. St. Valentin ist ausgeschildert. Das Lokal liegt mitten im Wald, von Bergen umgeben. Seit jeher ist es ein beliebter studentischer Ausflugsort. Dienstags gibt es Gambas „all you can eat".

Forellenhof-Stüble

Der Forellenhof befindet sich im Wald zwischen Lehen und Umkirch unweit der Dreisam. Er ist vom Dreisamuferweg kommend, nicht zu verfehlen. Wer mit dem Auto anreist, fährt bis Freiburg-Umkirch. Unmittelbar nach der Abfahrt vom Zubringer-Mitte geht es gleich wieder nach links weg. Im Forellenhofstüble gibt es in der Zeit vom 1. Mai bis 3. Oktober Forellen aus eigener Zucht. Die Räucherforelle ist zu empfehlen.

Schönberghof/Schneeburg

Den Schönberghof erreicht man zu Fuß aus St. Georgen oder mit dem Auto über Ebringen. Er bietet einen herrlichen Blick auf Freiburg und auf die pittoreske Ruine der Schneeburg. Hier kann man nach dem Abendessen den Abend gemütlich bei einem Schoppen Gutedel ausklingen lassen oder Nachmittags Kaffee und Kuchen genießen.

Kohlerhof

Der Kohlerhof ist ein einsam im Wald gelegener Bergasthof mit einer phantastischen Aussicht. Man fährt über Merzhausen und Sölden in Richtung Bolschweil. Nach Sölden geht es nach links in den Wald. Die circa zehn Kilometer lange Zufahrt ist beschildert. Der Weg lohnt sich. Leider schließt der Kohlerhof außer Freitags (21:30 Uhr) bereits um achtzehn Uhr.

Kälbelescheuer

Die Kälbelescheuer erreicht man, indem man von Staufen Richtung Münstertal fährt und im Münstertal am Rathaus rechts Richtung Belchen abbiegt. Die Zufahrt ist beschildert. Die Almhütte Kälbelsscheuer bietet einen wunderschönen Blick ins Tal und hat auf ihrer Terrasse bis in die Abendstunden Sonne im Übermaß.

Ausflüge

Lenzenberg

Der Lenzenberg ist ein beliebtes Ausflugsziel nicht nur für Studenten. Man fährt von Freiburg kommend durch Ihringen. Am Ende des Ortes geht es rechts ab. Der Lenzenberg ist ausgeschildert. Oben hat man einen herrlichen Blick über die Rheinebene auf die Vogesen. Das Restaurant mit einer riesigen Terrasse bietet einfache Speisen von mäßiger Qualität, aber zu fairen Preisen.

Lilienthal

Das Lilienthal liegt zwischen Wasenweiler und Ihringen. Das Land Baden-Württemberg hat dort in den fünfziger Jahren ein Arboretum mit seltenen Bäumen eingerichtet. Heute finden sich dort auch viele andere seltene Pflanzenarten. Das Lilienthal ist ein Paradies nicht nur für Biologen und Förster. Eingangs der Parkanlage gibt es ein Restaurant mit kleiner Karte, dass nur mittags geöffnet hat (bis achtzehn Uhr). Es werden drei Wanderrouten unterschiedlicher Länge empfohlen, die zwischen drei und fünf Kilometer lang sind.

Wutachschlucht

Die Wutachschlucht ist Teil des Naturparks Südschwarzwald. Entlang der Wutach verläuft ein dreiunddreißig Kilometer langer Wanderweg. Die Schlucht ist bis zu einhundertsiebzig Meter tief. Es gibt eine äußerst vielseitige Tier- und Pflanzenwelt zu bewundern.

Höllental/Hirschsprung

Das Höllental ist eine östlich von Freiburg gelegene bis zu einhundertdreißig Meter tiefe Schlucht. Am Fuße der

Schlucht befindet sich der Höllenbach, im späteren Verlauf Rotbach genannt. Das Höllental ist eine überregional bekannte Touristenattraktion. Im Tal befindet sich der sogenannte Hirschsprung. Der Legende nach soll dort einst ein Hirsch auf der Flucht vor seinem Jäger die Schlucht übersprungen haben. Natürlich hat man diesem Hirsch ein Denkmal gesetzt, das der Wanderer dort bis heute bestaunen kann. Das Höllental erstreckt sich über neun Kilometer in Richtung Breitnau/Hinterzarten. Dort und in den Nachbartälern entstehen die bekannten Fallwinde, „der Höllentäler" genannt, die Freiburg an sommerlichen Abenden die ersehnte Erlösung von der Hitze des Tages bescheren. Es schließt sich die Ravennaschlucht mit zahlreichen Wasserfällen an.

Schauinsland

Der Schauinsland mit einer Höhe von 1284 Metern, rund zehn Kilometer südöstlich gelegen, ist der „Freiburger Hausberg". Da man mit einer Seilbahn bis auf den Gipfel fahren kann, ist er ein beliebtes Ausflugsziel. Bei gutem Wetter, insbesondere bei Inversionswetterlagen, hat man eine ausgezeichnete Sicht auf die Alpen. Unmittelbar bei der Bergstation gibt es ein Vesper-Lokal.

Holzschlägermatte

Auf dem Weg zum Schauinsland befindet sich an der Schauinslandstraße die Gaststätte Holzschlägermatte. Von dort hat man einen fantastischen Blick ins Tal und auf die Berge. Die Küche auf Straußwirtschaftsniveau ist ausgezeichnet. Die Preise sind fair. Insbesondere die Schnitzel sind empfehlenswert.

Ausflüge

Feldberg

Der Feldberg ist mit seinen 1493 Metern der höchste Berg Deutschlands außerhalb der Alpen. Zwischen dem Hauptgipfel und seinem knapp zwei Kilometer weiter im Südosten liegenden Vorberg Seebuck erstreckt sich der „Grüblesattel," von dem der Baldenweger Buck abzweigt. Vom Seebuck aus fällt der Feldberg nach Nordosten steil zum Feldsee ab. Nach Nordwesten in Richtung Freiburg gehen das Zastlertal und das Wilhelmer Tal, nach Südwesten Richtung Basel das Wiesental ab. Aufgrund seiner subalpinen Vegetation gehört der größte Teil des Feldberges zum Naturschutzgebiet Feldberg. Dieses wurde bereits in den dreißiger Jahren eingerichtet. Es ist damit das älteste in Baden-Württemberg. Seit 1989 wird es von einem „Ranger" betreut. Bei gutem Wetter, insbesondere bei Inversionswetterlagen, gibt es eine hervorragende Alpensicht. Das Naturschutzgebiet bietet Gelegenheit zu wunderschönen Wanderungen und im Winter zum Skilaufen, insbesondere zum Langlaufen.

Hier einige Tipps zum einkehren:

Gasthaus Engel (Hinterzarten)

Das Gasthaus Engel in Alpersbach, also auf halber Strecke zwischen Hinterzarten und dem Rinken gelegen, bietet eine bodenständige hochwertige Küche zu fairem Preis und dazu ordentlichen Wein. Das freundliche Gastwirtspaar und seine Mitarbeiter sorgen für Wohlfühlatmosphäre. Bei warmem Wetter gibt es einige Außenplätze auf der Terasse.

Raimartihof

Der Raimartihof, mit dem Auto und einer kleinen Wanderung erreichbar über das Bärental oder vom Rinken (circa dreieinhalb Kilometer Fußmarsch), bietet trotz des inzwischen dort herrschenden Massentourismus ordentliche bodenständige Küche. Die Gastwirtsfamilie denkt während der Ruhezeiten an ihre Gäste und hat einen Kiosk errichtet. Hier erhält man ein Stück Kuchen, einen Landjäger etc. und Getränke, wenn der Gasthof geschlossen ist. Die Abrechnung erfolgt auf Vertrauensbasis. Circa einen Kilometer vom Raimartihof entfernt liegt der Feldsee, in dem aus Gründen des Umweltschutzes (Schutz seltener Wasserfarne) striktes Badeverbot gilt.

Baldenweger Hütte

Die Baldenweger Hütte liegt auf dem Baldenweger Buck. Sie bietet einfache Küche nach Straußenart (s. u.) und sehr guten Kuchen. Es gibt zahlreiche Außenplätze mit Blick auf den Feldberg.

Zastler Hütte

Nicht weit von der Baldenweger Hütte befindet sich im „Zastler Loch" die Zastler Hütte. Wie bei der Baldenwegerhütte handelt es sich um eine ehemalige Herder-Hütte, die seit Jahrzehnten von Familie Schindler bewirtet wird, inzwischen in zweiter Generation von Robert Schindler. Hier wurde die Viehwirtschaft jedoch bereits zwischen den beiden Weltkriegen eingestellt. Es gibt einfache Speisen zu fairem Preis. Empfehlenswert sind die Speckeier.

Ausflüge

Titisee

Der Titisee ist eigentlich ein idyllisch zwischen bewaldeten Bergen gelegener See. Am Fuße des Sees befindet sich der Ort Titisee. Leider wird jegliche Idylle überlagert durch amerikanisch-japanisch geprägten Massentourismus mit ausgeprägtem Souvenirhandel. Wer also eine typische Kuckucksuhr (mit chinesischem Laufwerk) sucht ... Ein Besuch in Titsee ist ein Erlebnis der besonderen Art.

Europapark

Der Europapark befindet sich circa vierzig Kilometer nördlich von Freiburg bei Rust. Er ist mit mehr als fünfeinhalb Millionen Besuchern nach dem Disneyland Paris der meistbesuchte Park in Europa (2016). Auf einer Gesamtfläche von rund 940.000 m^2 werden in sechzehn Themenbereichen über hundert Fahrgeschäfte geboten. Zudem gibt es die unterschiedlichsten Shows. Zum Park gehören Hotels und ein Campingplatz.

Taubergießen/ Rhinau

Taubergießen ist ein Naturschutzgebiet im Landkreis Emmendingen. Es befindet sich nördlich von Freiburg in den Rheinauen bei Rust bzw. Kappel-Grafenhausen. Mit 1697 ha ist es eines der größten Naturschutzgebiete Baden-Württembergs. Die mit Rheinwasser durchspülten Auwälder, in denen teilweise geführte Kahnfahrten angeboten werden, bieten eine äußerst vielseitige Vegetation, die eine Fundgrube für Biologen und Naturfreunde ist. Zwischen Kappel-Grafenhausen und Rhinau im Elsass verkehrt eine Autofähre. Aufgrund einer Vereinbarung im Versailler Vertrag muss Frankreich diese unterhalten. Die Benutzung ist kostenlos.

In Rhinau findet man neben weiteren empfehlenswerten Restaurants (Au Bords Du Rhin und Au Vieux Couvent), in denen man die elsässische Fischspezialität Matelote serviert bekommt (leider recht hochpreisig), ein einzigartiges Flammkuchenrestaurant, dass sich in den achtziger Jahren rühmen konnte, das südlichste Flammkuchenrestaurant im ganzen Elsass zu sein. Das Gasthaus Roettele Schützestuebl bietet nach wie vor den besten Flammkuchen weit und breit sowie ausgezeichnete Schnecken, die nicht nur nach Knoblauch schmecken. Leider sind die Öffnungszeiten sehr beschränkt. Geöffnet ist Samstag- und Sonntagabend von Frühjahr bis Herbst.

Wenn das Schützenstuebl mal wieder geschlossen hat, bietet sich als Alternative, neben den beiden bereits genannten Restaurants in Rhinau, das „Bord Du Rhin" bei Gerstheim an. Das Restaurant liegt auf einer Insel zwischen den Rheinarmen. Man fährt an Rhinau vorbei weiter in Richtung Strasbourg und quert bei nächster Gelegenheit (bei Gerstheim) den ersten Rheinarm. Die Straße führt nun zurück in Richtung Süden. Nicht ganz leicht zu sehen, geht unvermittelt eine Straße nach links weg. Ein Hinweisschild ist vorhanden, aber leicht zu entdecken. Im Restaurant „Bord Du Rhin" gibt es unter anderem die elässisch-sundgauische Spezialität „Carpe frite" (fritierter Karpfen – empfehlenswert).

Colmar

Colmar ist ein wunderschöner Ort mit zahllosen, bestens erhaltenen Fachwerkhäusern, alten Kirchen, repräsentativen Bürgerhäusern und Museen. Besonders pittoresque ist die Fischerinsel, auch Petit Venice genannt. Erstmals erwähnt wurde der Ort im Jahre 823. Die Stadtbefestigung erfolgte 1214. Bedeutendste Kirche ist die gotische Stiftskirche St. Martin, die zeitweilig als Kathedrale (Bischofssitz) diente. Sie wurde zwischen 1234 und 1365 erbaut wurde. Der auffällige Turm wurde im Jahre 1572 nach einem Brand im Renaissancestil errichtet. Daneben gibt es die im 12. Jahrhundert errichtete Dominikanerkirche und die heute protestantische Franziskanerkirche „St. Matthieu," in der 1575 der erste reformierte Gottesdienst in Colmar abgehalten wurde. Im Musée Unterlinden befindet sich der weltberühmte Isenheimer Altar mit vier drehbaren Altarflügeln aus dem Jahre 1506.

Colmar liegt ungefähr auf halber Strecke zwischen Strasbourg und Basel. Es ist Sitz der Präfektur des Departements Haut Rhin und des Cour d' appell de Colmar (Appelationsgerichtshof – früher Oberlandesgericht).

Zahlreiche Restaurants laden in Colmar zum Essen ein, die aber teilweise nicht nur überteuert, sondern stark touristisch geprägt sind. Zu empfehlen ist das „Restaurant Bartholdi" in der Rue Bartholdi zwischen Stiftskirche und Dominikanerkirche. Es ist gewissermaßen die gute Stube Colmars. Dort tafelt man gutbürgerlich an weißen Tischdecken in sehr gepflegtem Ambiente. Daneben gibt es am Theater das „Restaurant du Theatre" mit alten Kulissen aus dem Theater eingerichtet.

Mulhouse

Mulhouse (deutsch Mühlhausen) wurde im Jahre 803 erstmalig urkundlich erwähnt. Im Mittelalter gehörte es als freie Reichsstadt zum elsässischen Zehn-Städtebund. Seit 1515 war es mit der Schweizerischen Eidgenossenschaft verbunden und durch Verträge mit Frankreich abgesichert. Später wurde es integraler Teil der Eidgenossenschaft. Weil es zunehmende Absatzprobleme gab, die errichteten Zollschranken erschwerten den Handel erheblich, votierte die Stadt 1798 für einen Anschluss an Frankreich. Mulhouse hatte seit Beginn des 19. Jahrhunderts eine florierende Industrie (chemische Industrie, Textildruck), was der Stadt erheblichen Wohlstand bescherte.

Sehenswert ist das Rathaus im oberrheinischen Renaissancestil aus dem Jahre 1553 und die reformierte Stephanskirche (Eglise Tempe Saint Étienne), in den Jahren 1858 bis 1868 an Stelle einer Kirche aus dem 12. Jahrhundert im neugotischen Stil erbaut. Rund um Mulhouse gibt es zahlreiche interessante Museen. Erwähnt seien hier das Automobilmuseum Schlumpf (Cité de l'automobile) mit einer Sammlung von Oldtimern, insbesondere Bugattis, das Eisenbahnmuseum und das Tapetenmuseum.

Strasbourg

Strasbourg (Straßburg) ist die Hauptstadt der Region Grand Est, die zum 1. Januar 2016 aus den ehemals selbständigen Regionen Champagne-Ardenne, Lorraine (Lothringen) und Alsace (Elsass) gebildet wurde. Die Stadt ist Sitz des Regionalrats, des Regionalpräfekten und beherbergt die Präfektur für das Departement Bas Rhin. Daneben ist die Stadt Sitz des Europarates, des Europaparlamentes, des Europäischer Gerichtshof für Menschenrechte, des Europäischen Bürgerbeauftragten und des Eurokorps. Bereits seit dem Jahre 1631 besitzt es eine Universität. Die historische Altstadt, im Jahre 1988 zum Weltkulturerbe erklärt, wird von der Ill, einem Nebenfluss des Rheines, umflossen. Wahrzeichen der Stadt ist das zwischen 1176 und 1439 im Stil der Romanik und Gotik erbaute Münster. Rund um den Münsterplatz stehen

Ausflüge

zahlreiche Fachwerkhäuser im alemannisch-süddeutschen Stil. Anders als das ländliche Umland, das katholisch geblieben ist, führte Strasbourg bis 1529 sukzessive die Reformation ein. Das zunächst ebenfalls evangelische Münster wurde nach der Eroberung durch Ludwig XIV rekatholisiert. Weiter sehenswert sind das Gerberviertel (Quartier de Tanneurs) und La Petite France am Ufer der Ill.

Basel

Basel ist die drittgrößte Stadt der Schweiz, Hauptort des Kantons Basel Stadt. Sie liegt am Rheinknie beiderseits des Rheins. Der auf der Nordseite des Rheins gelegene Teil wird Kleinbasel genannt. Basel ist ein bedeutender Standort der Chemie- und Pharmaindustrie. Die Firmen Novartis und Hoffmann-La Roche haben ihren Hauptsitz in der Stadt.

Basel besitzt seit 1460 eine Universität. 1501 trat Basel als elfter Ort der Eidgenossenschaft bei. 1529 wurde Basel reformiert. Das Domkapitel übersiedelte nach Freiburg und errichtete seinen Sitz in der heutigen Kaiser-Josef-Straße. Das dortige Gebäude wird deshalb bis heute „Basler Hof" genannt.

Sehenswert sind das Rathaus auf dem Marktplatz (Baubeginn 1504) und das Basler Münster auf dem Münsterberg, erbaut im romanischen Stil und geweiht 1019. Daneben gibt es eine Vielzahl weiterer bedeutender Kirchen und historischer Bauten, darunter diverse barocke Stadtpalais.

Von überregionaler Bedeutung sind das Basler Theater, das Kunstmuseum mit zahlreichen bedeutenden Sammlungen (u.a. Picasso), das Tingeuly-Museum und das Museum der Fondation Beyeler in Riehen, die regelmäßig bedeutende Kunstausstellungen präsentiert. Auf deutscher

Seite in Weil am Rhein befindet sich das Vitra-Designmuseum.

Die Gastronomiepreise in Basel sind leider für Nichtschweizer kaum erschwinglich. Empfehlenswert ist die Hasenburg mit regionaler alemannischer Küche (z. B. Rösti und Leberle) und die Fischerstube mit eigener Hausbrauerei, die ein hervorragendes Bier braut.

Feste

Fasnet

Auch Freiburg hat seine närrische Jahreszeit. Allerdings hat diese längst nicht den Stellenwert wie anderenorts, etwa im Rheinland. Weit mehr als dort stehen hier die Umzüge im Fordergrund. Die Masken und Köstüme (Häs) sind sehr traditionell, werden immer wieder verwendet, teilweise gar vererbt. Im Übrigen finden die Fasnetsveranstaltungen wesentlich innerhalb der Fasnetsvereine statt. Die breite Bevölkerung nimmt relativ wenig Anteil. Zwar gibt es in den Freiburger Kneipen Fanetsveranstaltungen. Mit der Fröhlichkeit und Ausgelassenheit rheinischer Veranstaltungen dieser Art kann man diese aber nicht vergleichen. Es mangelt an der passenden Musik im Dialekt zum mitgrölen.

Morgenstraich

Eine ganz besondere Variante der Fasnet findet alljährlich in Basel statt, der Morgenstraich, und zwar genau eine Woche nach Rosenmontag und damit bereits in der (katholischen) Fastenzeit. Entgegen landläufiger Meinung ist das aber nicht so, weil Basel reformiert ist und die Reformierten die Katholiken ärgern wollen oder wollten,

Feste

sondern es ist der ursprüngliche, kalendarisch richtige Termin, vierzig Tage vor Ostern, an dem vor der Reformation die Fastenzeit begann. Später dann haben die Katholiken die Sonntage vom Fasten ausgenommen, womit sich die Fastenzeit um eine Woche verlängerte. Im reformierten Basel hat man diese Verschiebung nicht mitgemacht. Gefastet wurde ohnehin nicht. Hier feiert man weiterhin zu dem ursprünglichen Termin. Später mag die Versuchung, die Katholiken zu ärgern, dieses Festhalten durchaus gefördert haben. Auch im Süden der Markgrafschaft wird zum Teil an diesem Termin festgehalten, dort unter der Bezeichnung „Burefasnet."

Der Morgenstraich findet in der Nacht von Sonntag auf Montag statt. Er beginnt um vier Uhr morgens. Zu dieser Zeit erlöschen in der gesamten Innenstadt schlagartig alle Beleuchtungen, einschließlich der Straßenbeleuchtung. Die Kneipen öffnen nun die Türe, die Kneipengäste treten auf die Straße. Dann schließen sie sich wieder. Als Umzug kann man nicht unbedingt bezeichnen, was nun beginnt. Eine Unzahl sogenannter Fasnachtscliquen tritt mit kleinen Piccoloflöten, Tambouren und bunten Laternen ausgerüstet in Erscheinung, pfeift wechselnde Märsche. Dabei ziehen die einzelnen Cliquen ohne jede Ordnung durch die Stadt. Wer dort gewesen ist, dem werden die Melodien tagelang im Ohr klingen.

Schon nach relativ kurzer Zeit, öffnen die ersten Gaststätten jedoch wieder. Nun trifft man sich auf ein Bier und die traditionelle Mehlsuppe aus geröstetem Mehl und Wasser um danach wieder in der Trubel auf der Straße zurück zu kehren.

Weinfeste

Es folgt im Weiteren eine Auswahl traditioneller Feste in Freiburg und Umgebung. Der Dr. Harry Groner-Verlag gibt mehrfach jährlich einen Festkalender heraus, dem man die genauen Termine und viele weitere Feste entnehmen kann. Er wird kostenlos an vielen Tankstellen abgegeben.

Weinfest auf dem Münsterplatz

Jährlich Anfang Juli findet auf dem Münsterplatz das Freiburger Weinfest statt. Eine Vielzahl von Privatwinzern und einige Winzergenossenschaften bieten dort ihren Wein feil. Die Freiburger Spitzengastronomie (Colombi, Dattler etc.) sind mit Zelten vertreten. Das Weinfest ist eine ideale Gelegenheit, sich über die südbadischen Winzer und ihre Produkte zu informieren. Außerdem gilt hier: sehen und gesehen werden!

Oberlindenhock

Das traditionelle Weinfest findet Ende Juni rund um das Schwabentor statt.

Herdermer Hock

Traditionelles Stadtteilfest in Herdern mit regionalen Speisen und Getränken. Es findet üblicherweise Ende Juni, Anfang Juli statt.

Seefest

Das Seefest findet Anfang August im Seepark statt. Es gibt eine Vielzahl verschiedener Stände mit regionalen

Feste

Speise- und Getränkeangeboten und viel Musik. Höhepunkt des Festes ist das alljährliche Feuerwerk.

Schlossbergfest

Traditionelles Fest mit viel Musik und Feuerwerk, zwischen Dattler und Kanonenplatz

St. Georgener Weinfest

Das zu Freiburg gehörende Winzerdorf St. Georgen lädt jährlich am ersten Wochenende im Mai zum Weinfest. Neben viel Wein der örtlichen Winzer bieten die örtlichen Vereine ein breites Sortiment verschiedener Speisen.

Staufener Weinfest

Das Staufener Weinfest zeichnet sich dadurch aus, dass eine Vielzahl Markgräfler Winzer und Genossenschaften dort ihren Wein feilbieten. Man kann sich deshalb hier einen sehr guten Überblick über die verschiedenen Markgräfler Winzer und ihre Weine verschaffen.

Schneckenfest in Pfaffenweiler

Das Schneckenfest (Pfaffenweiler liegt im Schneckental) ist ein buntes Fest mit viel Musik, traditionellen alemannischen Speisen und Pfaffenweiler Wein. Veranstaltet wird es von dreizehn örtlichen Vereinen.

Ebringer Weintage

Die Ebringer Weintage, mitte August, zeichnen sich durch ihren familiären Charackter aus. Es ist längst nicht so überlaufen wie vergleichbare Feste. Es gibt Musik, traditionelle Speisen und Ebringer Wein.

Zeltmusikfestival (ZMF)

Das Zeltmusikfestival findet seit 1983 jährlich (inzwischen auf dem Mundenhofgelände) statt und bietet ein buntes Programm von Musik,- Kunst-, Theater- und Sportveranstaltungen. Es gilt als das älteste und größte Musikfestival seiner Art in Baden-Württemberg.

Straußwirtschaften

Straußwirtschaften, kurz Strauße oder im Süden der Markgrafschaft Straußi genannt, sind die badische Bezeichnung für das, was man anderenorts als Besenwirtschaft kennt. Sie haben nichts mit dem Vogel Strauß zu tun. Es handelt sich nach dem Gesetz um erlaubnisfreie Gaststätten mit saisonal begrenzten Öffnungszeiten. Die maximale Öffnungszeit beträgt vier Monate im Jahr, die auf höchstens zwei Zeitabschnitte verteilt werden darf. Die Straußwirtschaft darf nicht mehr als vierzig Sitzplätze aufweisen. Es dürfen nur kalte und einfach zubereitete warme Speisen verabreicht werden.

Straußwirtschaften haben eine sehr lange Tradition. Die Legende sagt, dass das Recht auf Kaiser Karl den Großen zurückzuführen sei. Belege dafür gibt es nicht. Ähnliches findet sich in Österreich. Dort werden die Straußwirtschaften Buschenschank oder Heurige genannt. Diese berufen sich auf ein Gesetz Kaiser Joseph II aus dem Jahre 1784. Bekanntlich gehörte der Breisgau zu dieser Zeit zum Habsburgerreich. Vermutlich stammt das Recht für den Breisgau deshalb daher.

Straußwirtschaften

Wie oben beschrieben, werden die Straußwirtschaften in der Ausübung ihrer Tätigkeit erheblich beschränkt. Deshalb haben zahlreiche Winzer inzwischen eine Gaststättenerlaubnis beantragt. Damit sind sie weder hinsichtlich der Öffnungszeiten noch der Zahl der Sitzplätze beschränkt. Die höheren Anforderungen an das Gaststättenlokal sind sie dabei gerne bereit in Kauf zu nehmen. Mancherorts werden ganze Busladungen abgeladen und kurzfristig abgefüttert. Auch kann man heute nicht mehr sicher sein, dass man in einer Strauße immer besonders günstig wegkommt. Das Preisniveau vieler Straußen unterscheidet sich nur noch marginal von der ortsansässigen Gastronomie.

Trotz der alten Tradition waren Straußwirtschaften nach dem Zweiten Weltkrieg aus der Mode gekommen. Erst in den achtziger Jahren fand eine Renaissance statt. Die ersten neu entstehenden Straußen dienten im wesentlichen dem billigen Suff. Bald entwickelte sich die Kultur jedoch weiter. Idealerweise bietet eine Straußwirtschaft heute zwar einfache Speisen, diese aber von bester Qualität. Leider ist das längst nicht immer der Fall. Nicht selten wird man mit billiger Massenware abgefertigt. Manchmal erleben gar die „mixed pickles" aus den siebziger Jahren ihre Wiederauferstehung. Häufig lassen genau diese Winzer auch bei ihrer Weinherstellung wenig Mühe walten. Die angebotenen Weine sind nicht selten so schlecht, dass sie anders nicht vermarktungsfähig wären. Allerdings gibt es große Ausnahmen. Einige Winzer haben das Prinzip einer gelungenen Straußwirtschaft verstanden. Sie geben sich große Mühe, einheimische Produkte in hoher Qualität zu bieten. Dazu guten Wein zu servieren.

Straußwirtschaften gibt es im wesentlichen südlich von Freiburg in der Markgrafschaft, westlich von Freiburg am

Tuniberg und am Kaiserstuhl. Dabei gibt es einen gewissen Unterschied hinsichtlich der angebauten Weine.

Markgraf Karl Friedrich von Baden hatte in der Schweiz den Chasselas (Fendant) kennen und schätzen gelernt. Er brachte diesen im Jahre 1780 vom Genfer See ins Markgräflerland und befahl seinen Untertanen den Anbau. Der Gutedel war geboren. Die Winzer im habsburgischen Breisgau, zu denen Tuniberg und Kaiserstuhl gehören, haben es nicht so gut getroffen. Sie bauen als einfachste Qualität heute Müller-Thurgau an. Dieser Wein zeichnet sich durch seine starke Aromenfülle aus. Vereinzelt finden sich zwar sehr ordentliche Weine. Insbesondere die liebliche Variante ist jedoch für viele Zungen kaum genießbar. Wesentlich darin mag begründet sein, dass der Verfasser die Markgräfler Straußwirtschaften denen des Tunibergs und des Kaiserstuhls weitgehend vorzieht.

Ein Gesamtverzeichnis der südbadischen Straußwirtschaften findet sich am Ende dieses Buches einschließlich der Adressen und Telefonnummern. Im Zweifel gilt: vorher Öffnungszeiten herausfinden. Vom Abdruck wurde hier abgesehen, weil sich diese zu häufig ändern.

Im Folgenden werden einige subjektiv ausgewählte Straußen beschrieben. Dabei hat eine gewisse Bevorzugung der Straußwirtschaften im Freiburger Umland stattgefunden. Wenn eine Straußwirtschaft aus der näheren Umgebung Freiburgs hier fehlt, solltest du dir deinen Teil dabei denken!

Straußwirtschaften am Kaiserstuhl

Strauße uf'm Buck

Die Strauße ist oberhalb von Balingen gelegen. Man biege im Ortszentrum Richtung Silberberghalle ab, fahre die Straße bis zum Ende. Die Straußwirtschaft bietet einen wunderschönen Blick auf Balingen. Die Qualität der Speisen ist gut, der Wein ordentlich.

Martinshofschänke

Die Martinshofstrauße liegt außerhalb von Ihringen. Man biegt von der Hauptstraße Richtung Lenzenberg ab und folgt dem Straßenverlauf bis zum Ende. Dort findet sich die Martinshof-Strauße. Es gibt ein üppiges Speisenangebot mit vielen Putengerichten. Die Weine sind trinkbar. Der Gastraum ist groß. Im Sommer stehen zahlreiche Außenplätze bereit. Die Straußwirtschaft ist sehr beliebt und deshalb häufig sehr überfüllt, so dass man Zeit mitbringen muss.

Südhofstrauße

Die Südhofstrauße liegt am Ortsrand von Ihringen Richtung Gündlingen und ist gut ausgeschildert. Sie bietet ordentliche Weine und eine ausgezeichnete Vesperplatte mit hausgemachten Würsten. Leider schließt die Küche bereits um zwanzig Uhr, die Strauße um einundzwanzig Uhr.

Vogel-Strauße

Die Strauße liegt am Ortsrand von Oberbergen. Sie bietet einen kleinen gemütlichen Gastraum. Die Weine sind gut, die Speisen ordentlich.

Straußwirtschaften am Tuniberg

Griestalstrauße

Die Strauße erreicht man, wenn man im Zentrum von Opfingen links am Gasthaus Tanne vorbei in Richtung Griestal fährt. Sie liegt mitten in den Weinbergen. Neben einem großen Gastraum gibt es relativ wenige Außenplätze. Allerdings gibt es vor der Straußwirtschaft eine große Wiese, auf der ebenfalls großzügig bewirtet wird. Die Qualität der Speisen ist sehr unterschiedlich und hängt von der Tagesform ab. Bisweilen sind die Gerichte unangenehm ölig, beim nächsten Besuch ausgezeichnet. Ein abschreckendes Beispiel ist jedoch die Vesperplatte. Diese ist zwar üppig beladen, besteht aber aus belanglosen Würsten und Garnituren im Stil der siebziger Jahre. Der Wein ist ordentlich.

Scheunenstrauße (Waltershofen)

Die Strauße befindet sich im Ortskern. Sie hat nur einen kleinen Gastraum, in dessen Zentrum sich ein offener Kamin befindet. Außenplätze sind leider nur spärlich vorhanden. Die Lokalität hat seit einiger Zeit eine Gaststätten-Konzession. Deshalb ist ganzjährig geöffnet. Die Weinherstellung wurde eingestellt. Seither werden die Weine der Weingüter Hunn (Gottenheim) und Landmann (Waltershofen) angeboten. Der Gastgeber beschränkt sich nun darauf, Hinterwälder Rinder zu züchten und deren Fleisch in seiner Gastwirtschaft anzubieten. Die Qualität ist ausgezeichnet. Allerdings sind die Preise entsprechend.

Hunne-Strauße

Die Straußwirtschaft befindet sich mitten in Gottenheim. Wenn man von Freiburg kommt, halte man sich kurz nach dem Dorfbach links. Leider ist die Parkplatzsituation bisweilen etwas schwierig. Die Straußwirtschaft verfügt über einen großen Gastraum und sehr viele Sitzmöglichkeiten im Hof. Da das Weingut hervorragende Weine und ausgewählte Speisen bietet, reichen die Plätze dennoch häufig nicht aus. Besonders hervorzuheben ist die Vesperplatte. Leider gibt es den Gutedel nur zum mitnehmen.

Straußwirtschaften im Markgräflerland

Schlatthof-Strauße

Es handelt sich wohl um die nächstgelegene Strauße zum Freiburger Stadtgebiet. Sie befindet sich zwischen der Ausfallstraße aus Freiburg nach Opfingen und der Straße von Freiburg nach Tiengen (Zubringer Süd). Von beiden Straßen aus ist die Zufahrt mit einem deutlich erkennbaren Besen gekennzeichnet. Mit dem Auto ist nur die Zufahrt von der Opfinger-Straße zulässig. Die Straußwirtschaft ist auf einer Lichtung im Wald gelegen. Sie hat zahlreiche Plätze im Inneren, leider nur sehr wenige Außenplätze. Die Zahl der Speisen ist begrenzt, die Qualität ordentlich. Die Weine sind trinkbar. Für die Nähe zur Stadt Freiburg sind die Preise erstaunlich günstig.

Binzmühlen-Strauße

Die Binzmühlen-Strauße liegt am Rande von Wolfenweiler und ist leider nicht ganz so leicht zu finden. Ein Blick auf den Stadtplan ist hier empfehlenswert. Die Straße befindet sich in der Waldseemüllerstraße 2. In dem Haus wurde Martin Waldseemüller geboren, der als erster den neuentdeckten Kontinent im Westen als Amerika bezeichnete. Sie bietet gute Speisen und trinkbaren Wein. Leider ist sie für eine Straße nicht ganz preiswert.

Lorenz Straußi

Die Straußwirtschaft in Ehrenkirchen verfügt über einen sehr großen Gastraum, der über und über mit Spiegeln behängt ist, was ihr den Namen Spiegel-Strauße eingetragen hat. Im Sommer kann man sehr schön im Hof sitzen. Die Qualität der Speisen ist ausgezeichnet. Die Weine sind in Ordnung.

Kerbers Straußi

Die Strauße liegt etwas nördlich von Staufen auf einem kleinen Hügel. Der Winzer hat sein Geschäft verstanden. Er bietet einen ausgezeichneten Wein. Insbesondere der Gutedel ist empfehlenswert. Die Speisen sind einfach. Es wird aber sehr auf Qualität geachtet. Die Vesperplatte ist empfehlenswert. Daneben werden gelegentlich Musikveranstaltungen von hohem Niveau angeboten. Jeweils am Mittwochabend gibt es „Grillen und Chillen." Grillen muss man selbst (chillen auch). Dazu gibt es Live-Musik.

Poldis Strauße

Die Strauße liegt am Rande von Niederrimsingen. Es gibt einen kleinen Gastraum und zahlreiche Außenplätze. Die Strauße lässt sich insbesondere im Sommer mit einem Besuch am dortigen Baggersee verbinden. Wein und Speisen haben eine ordentliche Qualität bei günstigem Preis.

Sulzbach-Straußi

Die Straußwirtschaft liegt im Ortskern von Heitersheim. Neben einem großen Gastraum finden sich im Hof zahlreiche Außenplätze. Die Qualität der Speisen ist annehmbar. Der Wein ist trinkbar. Spezialität des Hauses ist im Frühjahr Spargel. Dieser ist leider bisweilen sehr weich gekocht. Außerdem wird Tütenhollandaise mit Schnittlauch dazu serviert. Schade, dass der Spargel sich nicht wehren kann.

Belchenblickstrauße

Schön gelegene Strauße in Heitersheim-Gallenweiler mit Blick auf den Schwarzwald. Es gibt sehr ordentlichen Gutedel und hausgemachte Würste von ausgezeichneter Qualität zu günstigem Preis.

Straußwirtschaften im Breisgau

Haberstroh Straußwirtschaft

Die Straußwirtschaft liegt an der Hauptstraße durch das Glottertal. Die Qualität der Speisen und des Weines sind mäßig. Der Hausherr ist Hobbymusiker und unterhält seine Gäste am Abend gerne gemeinsam mit der Familie mit Volksmusikeinlagen, die er an der Ziehharmonika begleitet. Weniger volkstümlich orientierte Gäste dürften diese Form der Unterhaltung eher als abschreckend empfinden. Leider gibt es östlich von Freiburg wenig Alternativen.

> Muss ich einst von Freiburg scheiden,
> wird mir wohl das Auge nass,
> lebet wohl nun all ihr Freuden,
> angezapft das letzte Fass.

Student sein

Rasch entschwunden sind die Stunden,
da die alten Kneipen waren
und zerstreut die Freundesrunden,
ganz allein im Herz bewahrt.

Darum Heil dir, schönes Freiburg!
dir mein Herz und dir die Hand!
Meine schönsten Burschenjahre
ich in deinen Mauern fand.
Wer den Wein noch nie probieret,
wer nicht alle Kneipen kennt,
wer den Schwarzwald nie studieret
war in Freiburg nie Student!

Freiburglied, Friedrich Seippel, 1920

Adressen

Biergärten

Feierlinggarten, Gerberau 46
Kastaniengarten, Schlossbergring 3
Kybfelsen, Schauinslandstr. 49 (Günterstal)
Paradies, Mathildenstr. 26
St. Ottilien, Kartäuser Str. 135
Waldsee, Waldseestr. 84
Zäringer Burg, Reutebacher Höfe
Zum Stahl, Kartäuserstr. 99

Cafés

Blumencafé, Humbergweg14, Freiburg Lehen
Café Einstein, Klarastr. 29
Coffee Factory, Habsburger Str. 110
Café Gmeiner, Kaiser-Josepf-Str. 243
Schlosscafé, Kapellenweg 1

Café Schmidt, Bertoldstr. 19

Einkaustipps

Automaten-Emma, Zähringerstr./Ecke Waldkircher Str.
Bahnhofssupermarkt, Bismarckallee 3
La Baguette, Escholzstr. 36
La Spelta, Sandstr. 4 (Herdern)
Primo Market, Bernhardstr. 6

Espressobars

Kolbencafé, Kaisert-Josef-Str. 233
Strass Café, Herrenstr. 44
Terra Gusto, Karlstr. 5

Hausbrauereien

Feierling, Gerberau 46
Martinsbräu, Fressgässle

Kneipen

Atlantik, Schwabentorring 7
Augustiner im Bankepeter, Schwarzwaldstraße 93
O'Kellys, Milchstr. 1
Schachtel, Adelhauser Str. 7
Schlappen, Löwenstr. 2
Shooter Stars, Niemensstr. 13
Walfisch, Schützenallee 1
Warsteiner Galerie, Milchstr. 7

Nachtleben

Atlantik, Schwabentorring 7
Bäckerei Lienhart, Schwabentorring 3

Student sein

Crash, Schnewlinstr. 7
ElPi, Schiffstr. 16
Hemingway-Bar, Eisenbahnstr. 54
Kagan, Bismarckallee. 9
Ruefetto, Granatgässle 3
Skajo, Kaiser-Josef-Str. 192
Schmitz Katze, Haslacher Str. 43
Schneerot, Münsterplatz 11
Theatercafé, Bertoldstr. 46
Waldsee, Waldseestr. 84
White Rabbit, Leopoldring 1

Restaurants

Dieses Buch ist kein Verzeichnis der Kneipen und Restaurants. Es konnte nur eine Auswahl beschrieben werden. Auch ein Adressverzeichnis aller Restaurants von Freiburg und Umgebung würde den Rahmen sprengen. Es finden sich deshalb im weiteren nur die Adressen der beschriebenen Lokale.

Atlantik, Schwabentorring 7
Brennessel, Eschholzstraße 17
Burger-Chalet, Niemensstraße 9
Bürgerstube, Sedanstraße 8
Casa Espanola, Adelhauser Str. 9
Colombi-Restaurant, Rotteckring 16
Schlossbergrestaurant Dattller, Am Schlossberg 1
Dimitra, Stühlinger Str. 34
El Gallo, Auf der Zinnen 12
Enchilada, Auf der Zinnen 1
Englers Weinkrügle, Konviktstr. 12
freiBurger, Schiffstraße 16
Goldener Sternen, Emmendinger Straße 1 (Tennenbacher Platz)
Großer Meierhof, Grünwalder Str. 1

Adressen

Haus zur Lieben Hand, Löwenstr. 16
Hong Kong, Auf der Zinnen 10
Jaipur, Gerberau 5
Kaiser, Günterstalstr. 38
Kandelhof, Kandelstr. 27
Korfu, Basler Str. 4
Krone, Sundgauallee 53
La Finca, Stadtstr. 50
Löwen, Herrenstr. 47
Markthalle, Grünwälderstr. 4
Mensadrei Niemensstraße 7
Oberkirchs Weinstube, Münsterplatz 22
Ochsen Zähringen, Zähringer Str. 363
Primo Market, Bernhardstr. 6
Schlappen, Löwenstr. 2
Schützen, Schützenallee 12
Schwarzwälder Hof, Herrenstr. 43
Storchen, Schwabentorplatz 7
Taormina, Schwabentorring 4
Waldsee, Waldseestr. 84
Walfisch, Schützenallee 1
Webers Weinstuben, Hildastr. 35
Wongs Chinarestaurant, Lehener Str. 134

Straußwirtschaften

Michels Strauße, Winzer Weg 24, Achkarren 07662/429
Rüdlins Strauße, Kleinfelde 2, Augen 07631/6807
Strauße uf'm Buck, Hohleimen 6, Balingen 07663/1812
Ziegelhof Strauße, Ziegelhof 28, Ballrechten-Dottingen 07634/8394
Männlins Straußi, Kirchstraße 7, Bamlach 07635/819190
Riegers Straußwirtschaft, Noblingstr. 13, Betberg 07634/2013
Möhrs Straußwirtschaft, Schloss Str. 18, Biengen 07633/4704
Zum Trotthisli, Kaiserschulstraße 8, Bischoffingen 07662/544
Stuben Strauße, Hexentalstraße 46, Bollschweil 07633/81462
Löwen Strauße, Hauptstraße 82, Bötzingen 07663/4417

Student sein

Lorenz Straussi, Krozingerstraße 13, Ehrenkirchen-Kirchhofen 07633/9299050
Schambach Strauße, Schambachhof 2, Endingen 07642/7302
Dielbuckschenke, Hauptstraße 13, Endingen 07642/3017
Weingut Mangel, An der Badischen Weinstraße 4, Endingen-Kiechlingsbergen 07642/3363
Schlatthof-Strauße, Schlachthöfe 3, Freiburg St. Georgen 0761/4184
Kapellenblick-Winzerschenke, Große Roos 10, Freiburg-Munzingen 07664/2341
Sonnenbrunnen-Strauße, Unterdorf 30, Freiburg-Opfingen 07664/59273
Griestal-Strauße, im Griestal 2, Freiburg-Opfingen 07664/400675
Scheunen-Strauße, Umkircher Str. 11, Freiburg-Walters 07665/7451
Haberstroh Straußwirtschaft, Talstraße 115, Glottertal 07684/316
Hunnestrauße, Rathausstraße 2, Gottenheim 07665/6207
Traubenkeller-Winterstrauße, Hauptstraße 12, Gottenheim, 07665/6322
Probst-Strauß Wirtschaft, Schleifsteinhof 2, Grunern 07633/7144
Soder-Straußi, Große Gass 7, Haltingen/Weil 07621/62631
Schneiders Straußwirtschaft, Kolping Straße 7, Heitersheim 07634/2836
Sulzbach Straußi, Am Sulzbach 114, Heitersheim 07634/4272
Müllers Straußi, Zur alten Schmiede 3, Heitersheim 07634/1885
Fünfgelds Straußi, Lindenplatz 8, Heitersheim 07634/3163
Belchenblick Strauße, Schmidhofener Str. 2, Heitersheim 07633/81833
Martinshof-Schenke, Martinshof 2, ihringen 07668/7643
Südhof Strauße, Waidweg 2, Südhof, Ihringen 07668/7567
Schübers Gutsschenke zur Scheune, Rossmattenhof 1, Jechtingen 07662/6979
Gerhards Straußi, Sponeckstraße 102, Jechtingen, 07662/6117
Wein- und Sektgut Gretzmeier, Wolfshöhle 3, Merdingen 07668/94230
Berners Strauße, Bernerhof 1, Mauchen 07635/1440
Schill-Hof, Weberstraße 53, March-Buchheim 07665/4439
Poldis Strauße, An der Umgehungsstraße, Niederrimsingen

Adressen

07664/1226
Vogel-Strauße Ruländerweg, 7, Oberbergen 07662/80271
Hexen-Strauße, Weinstraße 2, Oberrotweil 07662/8416
Zur alten Küferei, Weinstraße 4, Pfaffenweiler 07664/7130
Arno Straußwirtschaft, Hanfländerweg 4, Seefelden 07634/2736
Weintreff, Weingartenstraße 9, Seefelden 07634/551910
Kerbers Strauße, Aussiedler Breite 1, Staufen 07633/5705
Gutsschenke im Weingut Wiesler, Krozinger Str. 26, Staufen 07633/6905
Löfflers Winzerhof Strauße, Fohrenbergstr. 50, Staufen-Wettelbrunn 07633/6307
Straußwirtschaft Batzenhäusle, St. Margaretenstr. 16, Waldkirch 07681/4938831
Kreiterhof Weinschenke, Wollbachstr. 1, Wollbach-Egerten 07626/591
Binzmühlen-Strauße, Waldseemüllerstraße 2, Wolfenweiler 07664/619414
Böttchehof, Basler Straße 76a, Wolfenweiler 07664/7377

Verbindungen

Albingia-Schwarzwald-Zaringia, Fürstenbergstraße 2
AMV Alt-Straßburg, Sedanstraße 2
ATV Cheruskia Burgund, Basler Straße 32
AV Merzhausia zu Freiburg, Turnseestraße 24
Bremer Gesellschaft, Wertmannstraße 16
Burschenachaft Teutonia, Maria-Theresia-Straße 12
Burschenschaft Alemannia, Günterstalstraße 56
Burschenschaft Franconia, Maria-Theresia-Straße 13
Burschenschaft Normannia, Hummelstraße 13
Burschenschaft Vandalia auf dem Loretto, Adolf-Schmitthenner-Straße 1
Corps Hasso-Borussia, Erasmusstraße 14
Corps Hubertia, Fürstenbergstraße 23
Corps Palatia-Guestphalia, Stefan-Maier-Str. 33
Corps Rhenania, Albertsraße 32
Corps Suevia, Lessingstraße 14

Freiburger Wingolf, Weiherhofstraße 14
K.D.St. V. Wildenstein, Rheinstraße 23
K.D.St.V Arminia, Basler Straße 46
K.D.St.V Falkenstein, Auf der Zinnen 12
K.D.St.V Hercynia, Mercystraße 16
K.D.St.V Hohenstaufen, Röderstraße 2
K.D.St.V Ripuaria, Schlierbergstraße 15
K.St.V. Rheno-Palatia, Mlchstraße 5
K.St.V. Brisgovia, Holbeinstraße 5
K.St.V. Germania-Hohentwiel, Herrenstraße 5a
K.St.V. Neuenfels, Niemensstraße 7
Landsmannschaft Cimbria, Wildtalstraße 3
Landsmannschaft Neoborussia, Hansastraße 6
Sängerschaft Guilelmia-Niedersachsen, Basler Straße 44
Turnerschaft Markomanno-Albertia, Mozartstraße 66
VDSt zu Freiburg, Tennenbacherstraße 5
W.K.St.V. Unitas, Freiburg Basler Straße 48

Weinstuben

Heilig Geist Stüble, Münsterplatz 15
Oberkirchs Weinstuben Münsterplatz 22
Sichelschmiede, Insel 1
Webers Weinstube, Hildastr. 35

Literatur

- Peter Kalchthaler, *Freiburg und seine Bauten. Ein kunst-historischer Stadtrundgang.* 4. neu bearbeitete Auflage. Freiburg 2006,

- Peter Kalchthaler, *Kleine Freiburger Stadtgeschichte.* 2. aktualisierte Auflage. Regensburg 2013,

- Wolfgang Abel, *Kaiserstuhl*, 4. Auflage, Badenweiler 2015

Literatur

- Wolfgang Abel, *Markgräflerland*, 2. Auflage, Badenweiler 2015
- Wolfgang Abel, *Südschwarzwald*, 8. Auflage, Badenweiler 2015
- Wolfgang Abel, *Freiburg, Breisgau, Markgräflerland* 18. Auflage, Badenweiler 2013

Student sein

Index

Adelhäuser Kirche, 31
Alte Münsterbauhütte, 29
Alte Universität, 33
Alte Wache, 38
Alter Simon, 68
Atlantik, 68, 71
Augustiner - Eremiten-Klosters, 29
Augustiner im Bankepeter, 68
Automaten-Emma, 76

Bäckerei Lienhart, 72
Bürgerstube Da Giovanni, 61
Badeparadies Schwarzwald, 92
Bahnhofssupermarkt, 76
Basel, 103
Basler Hof, 36
Belchenblickstrauße, 115
Bertoldsbrunnen, 28
Binzmühlen-Strauße, 113
Blumencafé, 66
Brennessel, 60
Burger Chalet, 64

Café Atlantik, 59, 68, 71
Café Einstein, 65
Café Gmeiner, 66
Café Schmidt, 65
Casa Espanola, 62
Coffee Factory, 65
Colmar, 100
Colombi-Restaurant, 56
Colombi-Schlössle, 34
Crash, 72

Da Giovanni, 61
Dattler, 56
Deutschordenskommende, 29
Dietenbachsee, 88
Dimitra, 61

Ebringer Weintage, 107
El Gallo, 63
Elpi, 71
Enchilada, 63
Engel, (Hinterzarten), 97
Englers Weinkrügle, 58
Erzbischöfliche Ordinariat, 29
Eugen-Keidel-Bad, 91

Index

Europapark, 99

Fasnet, 104
Feierling, 69
Feierling Biergarten, 30
Feierlingarten, 73
Feldberg, 97
Fischerau, 31
Flückiger See Seepark, 88
Forellenhof, Umkirch, 93
Frankreich, 77
freiBurger, 64
Freiburger Stadttheater, 32

Gerichtslaube, 35
Glottertal, 92
Goldener Sternen, 58
Griestalstrauße, 112
Großer Meierhof, 57
Großer Opfinger See, 89

Höllental, 95
Haberstroh Straußwirtschaft, 115
Haus zum Ritter, 37
Haus zum Walfisch, 36
Heilig-Geist-Stüble, 70
Hemingway-Bar, 71
Herdermer Hock, 106
Hirschsprung, 95
Historisches Kaufhaus, 37
Holzschlägermatte, 96
Hong Kong, 64

Hunne-Strauße, 113

Isteiner Schwellen, 91

Jaipur, 63
Jesuitenkolleg, 35

Kälbelescheuer, 94
Kagan, 71
Kaiser, 59
Kandelhof, 62
Kastaniengarten, 73
Kerbers Straußi, 114
Kleiner Opfinger See, 89
Kohlerhof, 94
Kolbencafé, 64
Kollegiengebäude I, 32
Kollegiengebäude II, 33
Kollegiengebäude III, 31
Kollegiengebäude IV, 32
Korfu, 61
Kornhaus, 36
Krone, 61
Kybfelsen, 74

Löwen, 60
La Baguette, 76
La Finca, 62
La Spelta, 76
Laguna, 92
Laterna Magika, 64
Lenzenberg, 95
Lilienthal, 95
Lorenz Straußi, 114

Index

Münster, 36
Markthalle, 56
Martinsbräu, 70
Martinshofstrauße, 111
Martinskirche, 35
Martinstor, 31
Moosweiher, 88
Morgenstraich, 104
Mulhouse, 101
Museum für Stadtgeschichte, 38

Neue Synagoge, 38
Niederrimsinger See, 89
Nimburger See, 90

O'Kellys, 68
Oberkirchs Weinstuben, 70
Oberlindenhock, 106
Ochsen Zähringen, 59

Palais Sickingen, 30
Paradies, 74
Peterhof, 33
Platz der alten Synagoge, 33
Platz der weißen Rose, 33
Poldis Strauße, 114
Primo Market, 57, 76

Raimartihof, 98
Rathaus, 34

Ruefetto, 72

Südhofstrauße, 111
Schönberghof, 94
Schützen, 59
Schachtel, 68
Schauinsland, 96
Scheunenstrauße, 112
Schlappen, 59
Schlatthof-Strauße, 113
Schlossbergfest, 107
Schlosscafé, 66
Schneckenfest in Pfaffenweiler, 107
Schneeburg, 94
Schneerot, 72
Schnitzelessen im Glottertal, 92
Schwabentor, 29
Schwarzes Kloster, 33
Schwarzwälder Hof, 58
Seefest, 106
Shotter Stars, 69
Sichelschmiede, 70
Skajo, 71
St. Barbara, 93
St. Bartholomäus, 29
St. Georgener Weinfest, 107
St. Ottilien, 74
St. Valentin, 93
Stadtbibliothek, 38
Staufener Weinfest, 107
Steinenstädter See, 90

Index

Storchen, 60
Strasbourg, 102
Strass Café, 65
Strauße uf'm Buck, 110
Sulzbach-Straußi, 115

Taormina, 61
Taubergießen, 99
Terra Gusto, 65
Theatercafé, 71
Titisee, 99

Uniseum, 33
Universitätsbibliothek, 32
Universitätsbibliothek, alte, 31
Universitätskirche, 33

Verbindungen, 77
Verkehrsamt, 34
Vogel-Strauße, 111

Waldsee, 72, 74
Walfisch, 59, 69
Wallgrabentheater, 34
Warsteiner Galerie, 69
Webers Weinstuben, 60, 70
Weinfest auf dem Münsterplatz, 106
White Rabbit, 72
Wongs Chinarestaurant, 63
Wutachschlucht, 95

Zähringer Burg, 75
Zastler Hütte, 98
Zienkener See, 90
Zum Roten Bären, 29
Zum Stahl, 73
Zum Weinberg, 58

Lightning Source UK Ltd.
Milton Keynes UK
UKHW020906070919
349307UK00001B/59/P